はじめに

　マネー・ローンダリングおよびテロ資金供与対策に対する国際的な要請が[高まる]中，2019年，FATF第4次対日相互審査が実施され，2021年8月，審査結果が[公]表されました。

　わが国は，「重点フォローアップ国」と評価されたことにより，対日相互審査報告書の指摘事項の改善に取り組み，その改善状況をFATFに報告しなければならないこととされています。

　審査報告書においては，一部の金融機関は，自らのマネロン・テロ資金供与リスクの理解がまだ限定的であり，リスクにもとづいた低減措置を適用していないこと，また，継続的顧客管理，取引モニタリング，実質的支配者の確認・検証等の義務について，十分な理解を有していないなどの指摘がなされました。

　金融庁においては，各金融機関に対し「マネー・ローンダリング及びテロ資金供与対策に関するガイドライン」の「対応が求められる事項」について2024年3月末までに対応を完了させ，態勢を整備することを求め，態勢整備について，対応計画を策定し，適切な進捗管理の下，着実な実行を図ることとしており，各金融機関においては，マネロン・テロ資金供与対策に向けた一層の取組強化が求められています。

　こうした状況に鑑み，日本コンプライアンス・オフィサー協会では，これまでに実施してきたコンプライアンス・オフィサー認定試験「金融AMLオフィサー［基本］」，「金融AMLオフィサー［実践］」に加えて，2022年5月より，金融機関の第1線の方々に向け，マネロン対策の基礎事項，および取引時確認の的確な履行と疑わしい取引に直面した際の気付きの「感度」について，その習得程度ならびに実務対応の適合性を判定する「金融AMLオフィサー［取引時確認］」をCBT方式により実施して参りました。さらに2023年3月からは，「金融AMLオフィサー［取引時確認］」を，全国の公開会場においてマークシート方式で実施しております。

本書は，「金融AMLオフィサー［取引時確認］」（マークシート方式・CBT方式）の受験対策のため，想定される出題内容にもとづいた計60問の問題と解説を収載した対策問題集に，巻末資料として2024年3月実施の全国公開試験の内容を掲載した「2024年度版」です。

　また，試験対策の標準的な学習教材としては，通信講座「営業店のマネロン対策に役立つ　取引時確認・疑わしい取引への感度を高めるコース」または「JAのマネロン対策に役立つ　取引時確認・疑わしい取引への感度を高めるコース」をご用意しておりますので，これらによる学習をおすすめいたします。

　当分野の学習におきましては，本書および上記教材のほか，金融庁「マネー・ローンダリング及びテロ資金供与対策に関するガイドライン」および同FAQや「マネー・ローンダリング・テロ資金供与・拡散金融対策の現状と課題」，警察庁「犯罪収益移転防止法の概要」，国家公安委員会「犯罪収益移転危険度調査書」などの公表資料を適宜参照されることも，一層の理解に資するものとおすすめいたします。

　本書の活用により，「金融AMLオフィサー［取引時確認］」に認定され，もって金融機関におけるより堅確なマネー・ローンダリング等態勢整備につながることを祈念いたします。

　2024年3月

日本コンプライアンス・オフィサー協会

目　次

マネー・ローンダリング対策の基礎知識

営業店の実務対応

第 62 回　コンプライアンス・オフィサー認定試験「金融 AML オフィサー［取引時確認］」実施要項

2024 年（第 62 回）「金融 AML オフィサー［取引時確認］」の実施および内容等の概要は，次のとおりです。詳しくは日本コンプライアンス・オフィサー協会にお問合せください。

■試験事務全般に関わるもの

　検定試験運営センター　　　　　　　　（平日 9：30 ～ 17：00 ／ TEL：03−3267−4821）

■試験の内容に関わるもの

　日本コンプライアンス・オフィサー協会

　　　　　　　　　　　　　　　　　　　（平日 9：30 ～ 17：00 ／ TEL：03−3267−4826）

■ホームページ【https://jcoa.khk.co.jp/】

試　験　日	2024 年 6 月 2 日（日）
試　験　時　間	10：00 ～ 11：30（90 分） （試験開始後 30 分までは入室が認められますが，試験終了時間の延長はありません。なお，試験開始後 60 分間および終了前 10 分間は退室禁止です）
受　付　期　間	2024 年 4 月 1 日（月）～ 4 月 17 日（水）必着 個人申込の方は，協会のホームページからのお申込が可能です。
受　験　料	4,950 円（税込）
持　込　品	受験票，筆記用具（HB 程度の鉛筆・シャープペンシル，消しゴム）
試験内容　出題形式	三答択一式（マークシート）
出題範囲 出　題　数	マネー・ローンダリング対策の基礎知識 営業店における実務対応　　　　　　　　　50 問
配　　点	1 問 2 点（合計 100 点）
認　定　基　準	100 点満点中 70 点以上 （試験委員会にて最終決定します）
正　解　発　表	試験実施 3 日後（原則として 17：00 以降）に上記ホームページで公表します。
成　績　通　知	試験実施約 4 週間後から成績通知書と，認定された方には認定証書をお送りします（解答用紙は返却いたしません）。

※適用される法令等は，原則として試験実施日現在のものです。

※正解等について，日本コンプライアンス・オフィサー協会への電話でのお問合せはいっさいお断りしていますので，ご了承ください。

CBT方式　コンプライアンス・オフィサー認定試験「CBT金融AMLオフィサー［取引時確認］」実施要項

CBT方式によるコンプライアンス・オフィサー認定試験の実施につき，本種目の概要は，次のとおりです。

※CBT方式コンプライアンス・オフィサー認定試験は，株式会社CBTソリューションズの試験システムおよびテストセンターにて実施します。

■試験の内容についてのお問合せ

日本コンプライアンス・オフィサー協会（経済法令研究会 検定試験運営センター）

HP：https://jcoa.khk.co.jp/　TEL：03-3267-4826（平日9：30～17：00）

お問合せフォーム：https://www.khk.co.jp/contact/

■試験の申込方法や当日についてのお問合せ

株式会社CBTソリューションズ　受験サポートセンター

TEL：03-5209-0553（8：30～17：30 ※年末年始を除く）

実施日程	2024年5月1日（水）～2025年3月31日（月）
申込日程	2024年4月28日（日）～2025年3月28日（金） ※株式会社CBTソリューションズのホームページからお申込ください。 　https://cbt-s.com/examinee/
申込方法	〈個人申込〉 インターネット受付のみ 〈団体申込〉 検定試験運営センター CBT試験担当（03-3267-4821）までお問合せください。
受験料	4,950円（税込）
会場	全国の共通会場（テストセンター）にて実施
出題形式	CBT三答択一式　90分
出題数	50問
出題範囲	コンプライアンス・オフィサー認定試験（紙試験）と同様
認定基準	100点満点中70点以上
結果発表	即時判定。 試験終了後に，スコアレポート・出題項目一覧が配付されます。 受験日の翌日以降，認定者はマイページから認定証書をダウンロードしてください。

※2024年度は，原則として2024年4月1日現在で施行されている法令等にもとづいて出題されます。

金融ＡＭＬオフィサー［取引時確認］　出題範囲

1．**マネー・ローンダリング対策の基礎知識**
　・マネロンの概要
　・FATF 審査
　・ガイドラインで求められる対応
　・犯罪収益移転防止法
　・取引時確認
　・確認記録
　・本人確認書類
　・取引時確認済みの確認
　・同種の取引の態様と著しく異なる態様の取引
　・疑わしい取引
　・取引記録
　・ハイリスク取引
　・リスクベース・アプローチ
　・ＣＤＤ（カスタマー・デュー・ディリジェンス）
　・取引モニタリング・取引フィルタリング　他

2．**営業店における実務対応**
　・口座開設時の対応
　・外国人の口座開設
　・子・孫の口座開設
　・代理人取引
　・法人取引
　・なりすましの疑われる取引
　・不自然な入出金依頼への対応
　・不自然な振込依頼への対応
　・海外送金　他

●本書のご利用にあたって

※受験に際した学習のポイントとして，設問選択肢の適否だけでなく，「解説＆正解」
にまとめられた事項や，「POINT」に記載の周辺知識についてもご確認ください。

※本書に掲載のマネー・ローンダリング等対策に係る事項については，法・ガイド
ライン等の改正等により，実務への影響が生じる場合があります。金融庁・警察
庁等からの公表情報や資料などについても適宜，参照いただくことをおすすめい
たします。

●凡例

※本書の対策問題および解説文中においては，下記の法令名等の略称・用語を用い
ています。

・マネー・ローンダリング
　……マネロン
・マネー・ローンダリング及びテロ資金供与
　……マネロン及びテロ資金供与／マネロン等
・犯罪による収益の移転防止に関する法律（施行令，施行規則を含む）
　……犯罪収益移転防止法
・マネー・ローンダリング及びテロ資金供与対策に関するガイドライン（マネロン・
テロ資金供与対策ガイドラインに関するよくあるご質問（FAQ）を含む）
　……ガイドライン

　　（法令等については2024年4月1日現在のものによります（巻末資料を除く）。）

マネー・ローンダリング対策の基礎知識

─ 〔問－1〕 マネロンとは ─────────

マネロンに関して，適切でない記述は次のうちどれですか。

(1) マネロンとは，違法な行為による収益の出所を隠すことである。

(2) 暴力団やテロ組織等は，マネロンを行うことで，犯罪収益を合法的な経済活動に使用することができるようになる。

(3) マネロン対策に実効性を持たせるためには，日本国内に限定して規制を強化し，資金の移動を厳格に管理することが有効である。

POINT

「マネー・ローンダリング」とは，犯罪によって得た収益等（犯罪により取得した財産を転売するなどして得た収益等も含む）を，その出所や真の所有者をわからないようにして，捜査機関による収益の発見や検挙を逃れようとする行為をさす。また，「テロ資金供与」とは，テロ行為の実行資金やテロ組織の活動資金等のために，資金等を調達・移動・保管・使用することをさす。さらに，「拡散金融」とは，核兵器をはじめとした大量破壊兵器等の製造・取得・輸送などに係る活動への資金提供のことをさす。

マネー・ローンダリングは，プレイスメント，レイヤリング，インテグレーションの3つの手法に大きく分類され，マネー・ローンダリングにおいては，これらのプロセスが，別々あるいは同時に行われるものとされている。

プレイスメント（預入）とは，犯罪行為から得られた現金を，金融システムや合法的な商業サービスへ物理的に預け入れることである（多額の現金取引を複数の小口取引に分割し，大口取引の確認や疑わしい取引の届出，記録の義務付けを免れる「ストラクチャリング」を含む）。

レイヤリング（分別）とは，現金の出所を，複数の金融機関との送金取引等を経由することで，犯罪行為という原因から分離することである。

インテグレーション（統合）とは，犯罪行為から得られた資金と合法的な資金を統合し，所有権に合法的根拠を持たせることである。

解説＆正解

(1)　適切な記述である。マネロンとは，マネー・ローンダリング（資金洗浄）の略で，違法な行為による収益の出所を隠すことである。

(2)　適切な記述である。暴力団，テロ組織その他の犯罪組織等は，本来，表の経済活動に用いることのできない不法・不正な犯罪収益を，マネロンによって合法的な資金として使うことが可能となる。

(3)　マネロン対策は，一国のみが規制を強化しても規制の緩い国・地域へと犯罪収益は流れていくため，マネロン対策を実効的に行うためには，国際的な協調が不可欠である。

正解　　(3)

― 〔問-2〕 FATFとは ―

FATFに関して，適切でない記述は次のうちどれですか。

(1) FATFとは，国際連合の加盟国により構成される政府間機関である。

(2) FATFは，メンバー国に対して審査団を派遣し，FATF勧告の遵守状況について相互審査を行っている。

(3) 2021年8月に公表されたFATF第4次対日相互審査の結果，日本は「重点フォローアップ国」と評価された。

POINT

FATFは，1989年のアルシュ・サミット経済宣言により設立された政府間機関である。当初，マネロン対策に係る国際的な協調指導，協力推進などの役割を担ってきたが，米国同時多発テロ事件（2001年9月11日）後の同年10月には，その任務に，マネロン対策のほか，テロ資金供与対策も加わった。FATFには，2023年10月末時点で，OECD加盟国を中心に38の国・地域と2つの国際機関（欧州委員会・湾岸協力理事会）が加盟している。

FATFの主な活動内容は，次の通りである。

① マネロン対策およびテロ資金供与対策に関する国際基準（FATF勧告）の策定および見直し

② FATF参加国・地域相互間におけるFATF勧告の遵守状況の監視（相互審査）

③ FATF非参加国・地域におけるFATF勧告遵守の推奨

④ マネロンおよびテロ資金供与の手口および傾向に関する調査，分析

FATFは各メンバー国・地域に対し，メンバー国により構成される審査団を派遣して，FATF勧告の遵守状況について相互に審査を行っている。

日本では，2019年にFATF第4次対日相互審査が実施され，同審査の報告書については2021年8月30日に公表された。その結果，日本は上位か

ら「通常フォローアップ国」,「重点フォローアップ国」,「観察対象国」のうち,「重点フォローアップ国」と評価され,FATFへの定期的な報告・改善が求められることとなった。

2022年8月,対日相互審査フォローアップ報告書（第1回）がFATFにおいて承認され,9月にFATFより公表されており,同報告書では勧告2（国内関係当局間の協力）につき再評価が行われ,PC（部分的適合）からLC（概ね適合）へ格上げされた。

また,2023年10月に公表された対日相互審査フォローアップ報告書（第2回）において,勧告8（NPOの悪用防止）の評価が,NC（不適合）からPC（部分的適合）へ格上げされた。

わが国では,審査報告書と同時に公表された「マネロン・テロ資金供与・拡散金融対策に関する行動計画」等に従ってフォローアップ対応が進められている。

解説＆正解

(1)　FATF（Financial Action Task Force：金融作業部会）とは,OECD加盟国を中心に38の国・地域および2つの国際機関が参加している政府間機関である。

(2)　適切な記述である。FATFは,メンバー国・地域に対し,メンバー国により構成される審査団を派遣してFATA勧告の遵守状況について相互審査を行っている。

(3)　適切な記述である。FATF第4次対日相互審査の結果,日本は,「重点フォローアップ国」と評価された。重点フォローアップ国は,毎年,法令等整備状況について改善状況をFATFに報告しなければならないとされている。また,日本は最終報告に向けて,「マネロン・テロ資金供与・拡散金融対策に関する行動計画」にもとづき,引き続きマネロン等対策の高度化に取り組んでいく必要がある。

正解　(1)

〔問-3〕犯罪収益移転防止法のポイント

犯罪収益移転防止法で定められている義務に関して，適切でない記述は次のうちどれですか。

(1) 特定事業者は，一定の取引を行う際に，顧客等の本人特定事項を確認しなければならない。

(2) 特定事業者は，本人特定事項等を確認した記録と，当該取引に係る記録を作成し保存しなければならない。

(3) 顧客等は，特定事業者から取引時確認にかかわる事項の申告を求められても，正しい内容を申告する義務はない。

POINT

犯罪収益移転防止法は，金融機関等の特定事業者に対し，犯罪収益移転防止法上の特定取引を実施する際に，次の措置を講じることを義務付けている。

① 顧客管理措置として，一定の取引を行う際に顧客等の本人特定事項等を確認するとともに(取引時確認の実施)，当該確認記録と当該取引に係る記録等を保存すること（確認記録・取引記録の保存）

② 業務において収受した財産が犯罪による収益である疑いがある場合等には行政庁に届け出ること（疑わしい取引の届出の実施）

金融機関等の特定事業者，特に営業店・窓口等の第1線においては，顧客に対し，本人確認書類の提示等を受け，一定の顧客情報を確認することや，取引の内容に応じては，追加的に取引内容の確認を求めることについて説明するとともに，的確な顧客情報等の記録および疑わしい取引に関する"気づき"の感度が求められることとなる。

解説＆正解

(1) 適切な記述である。犯罪収益移転防止法では，金融機関等の特定事業者に対し，顧客管理措置として，一定の取引（特定取引）を行う際に顧客等の本人特定事項等を確認すること（取引時確認の実施）を義務付けている（4条）。

(2) 適切な記述である。犯罪収益移転防止法では，金融機関等の特定事業者に対し，確認記録および取引記録を作成し保存することを義務付けている（7条）。

(3) 犯罪収益移転防止法上，顧客等は，取引時確認事項について偽らずに真実の内容を特定事業者に申告しなければならないとされており（4条6項），顧客等または代表者等の本人特定事項を隠蔽する目的でこれに違反した場合は罰則を受ける（27条）。

正解　(3)

〔問－4〕 リスクベース・アプローチ

マネロン対策におけるリスクベース・アプローチに関して，適切でない記述は次のうちどれですか。

(1) リスクベース・アプローチは，リソースを効率的に配分し，全体的なリスクを低減するマネロン等対策の本質的基礎となる手法である。

(2) 犯罪収益移転防止法においては，リスクベース・アプローチに係る規定が導入されている。

(3) 取引時確認の実施は，リスクベース・アプローチとの直接の関係はない。

POINT

　マネロン等対策における「リスクベース・アプローチ」とは，各国および各特定事業者において，マネロン等対策に割くことができるリソース（人員・コスト）は有限であるという前提のもと，リスクが高い取引については厳格な措置を，リスクが低い取引については簡素な措置を実施することにより，リソースを効率的に配分し，全体的なリスクを低減するアプローチをいう。

　2012年2月，FATFが公表した改訂FATF勧告（FATF第4次勧告）では，リスクベース・アプローチのコンセプトを明確にし，マネロン・テロ資金供与関連のリスク評価をより幅広く行い，高リスク分野では厳格な措置を求める一方，低リスク分野では簡素な措置の採用を認めることで，より効率的な対応が求められることとなった。また，FATF勧告1において，マネロン等対策とFATF勧告全体の本質的基礎となる手法として，リスクベース・アプローチの適用を求めている。

解説＆正解

(1) 適切な記述である。リスクベース・アプローチとは，リスクが高い取引については厳格な措置を，リスクが低い取引については簡素な措置を実施することにより，リソースを効率的に配分し全体的なリスクを低減するアプローチであり，マネロン等対策の本質的基礎となる手法である。

(2) 適切な記述である。2016年10月施行の改正犯罪収益移転防止法においては，国際的なリスクベース・アプローチの要請も踏まえ，犯罪収益移転危険度調査書の内容を勘案した，疑わしい取引の届出の要否の判断・危険性の程度が高い取引，ハイリスク取引の際の厳格な手続，職員の採用や監査などに係る規定の整備が行われた。

(3) リスクベース・アプローチの実践には，大きく，①自らのリスクの性質・程度の理解（リスク評価），②リスク低減のための内部管理態勢等の構築・適用，③顧客を特定・確認する適切な顧客管理措置の適用と継続的なモニタリング，その他マネロン等対策実施，④疑わしい取引の検知と届出，というプロセスを経る。

　リスク評価のための顧客の属性，商品やサービス，取引形態，取引に係る国・地域などの情報把握については，取引時確認における取引記録・確認記録等の文書化がその土台となり，取引時確認はリスクベース・アプローチの基礎であるといえる。

正解　(3)

〔問－5〕 ガイドライン

ガイドラインに関して，適切でない記述は次のうちどれですか。

(1) マネロン対策が，営業部門において有効に機能するよう，営業部門が主導的に地域・部門横断的なガバナンスを確立したうえで，関係部署が継続的に取組みを進める必要があるとされている。

(2) マネロン・テロ資金供与リスクの管理態勢の構築においては，マネロン・テロ資金供与リスクが経営上重大なリスクになり得るとの理解の下，経営陣がマネロン・テロ資金供与対策に関与することが不可欠である。

(3) 海外送金等の業務を行う金融機関においては，日本国内のみならず，外国当局による監督も含め国際的なマネロン・テロ資金供与対策の動向を十分に踏まえた対応が求められる。

POINT

ガイドラインでは，マネロン等対策について，経営陣による関与の重要性が強調され，経営陣の主導性の発揮（適切な支援等）を含めた地域・部門横断的なガバナンスによる継続的な取組みが必要であること，および経営戦略のなかでマネロン等に係る管理態勢の強化等を図るとともに，その方針・手続き・計画や進捗状況等に関し，顧客・当局等を含む幅広いステークホルダー（利害関係者）に対して説明責任を果たしていく必要があるとされている。また，同ガイドラインは，金融庁が各金融機関の取組みをモニタリングするにあたり，金融機関に対し，「対応が求められる事項」と「対応が期待される事項」に整理して記載している。

「対応が求められる事項」については，当該事項に係る措置が不十分であるなど，マネロン等リスク管理態勢に問題が認められる場合には，必要に応じ，報告徴求・業務改善命令等の法令にもとづく行政対応を行い，金融機関の管理態勢の改善を図るものとされている。なお，「対応が求められる事項」につ

いて，金融庁は，完了期限（2024年3月）を設け，金融機関に態勢整備を要請した。

「対応が期待される事項」については，「対応が求められる事項」に係る態勢整備を前提に，特定の場面，一定の規模・業容等を擁する金融機関の対応について，より堅牢なマネロン等リスク管理態勢の構築から対応することが望ましいと考えられる事項とされている。

解説＆正解

(1) マネロン等の対策においては，経営陣によるコミットメント（主導的な関与）の重要性が強調されており，マネロン等対策が，実際の顧客との接点である営業部門において有効に機能するよう，経営陣が主導的に関与して地域・部門横断的なガバナンスを確立したうえで，同ガバナンスの下，関係部署が継続的に取組みを進めることや，経営戦略の中でマネロン等に係る管理態勢の強化等を図ることが必要であるとされている。

(2) 適切な記述である。ガイドラインは，経営陣がマネロン・テロ資金供与対策に関与した上で，「フォワード・ルッキングなギャップ分析の実施，関連部門が複数に跨る組織横断的な対応，専門性や経験を踏まえた経営レベルでの戦略的な人材確保・教育・資源配分等」のほか，マネロン・テロ資金供与対策に関する取組みを全役職員に浸透させるために，「業績評価においてマネロン・テロ資金供与対策を勘案するなど，マネロン・テロ資金供与対策に関する経営陣の積極的な姿勢やメッセージを示すことも重要である」としている。

(3) 適切な記述である。ガイドラインは，「海外送金等の業務を行う金融機関等においては，日本国内のマネロン・テロ資金供与の動向のみならず，外国当局による監督も含め国際的なマネロン・テロ資金供与対策の動向を十分に踏まえた対応が求められる」としている。

正解 (1)

〔問-6〕 ガイドラインにおける三つの防衛線

ガイドラインにおける三つの防衛線とその説明の組合せに関して，適切な記述は次のうちどれですか。

(1) 第1の防衛線：営業店や営業部門がこれに該当し，日常業務の中で自律的にリスク管理を行う。

(2) 第2の防衛線：内部監査部門がこれに該当し，第1線に対する牽制・支援を行う。

(3) 第3の防衛線：外部監査部門がこれに該当し，第1線と第2線が適切に機能しているか等について，第1線，第2線と独立した立場で定期的に検証を行う。

POINT

　三つの防衛線（three lines of defense）は，内部統制，リスクマネジメント，不正抑止に関するフレームワークおよびガイダンス等を示すアメリカのCOSO（トレッドウェイ委員会支援組織委員会）による「内部統制の統合的フレームワーク」において示される枠組みであり，事業の各部門を，①現業部門，②管理部門，③内部監査部門に分類し，各部門に対するリスクマネジメントの役割を担わせることを通じて内部統制を実行する概念である。

　ガイドラインは，金融機関が，有効なマネロン・テロ資金供与リスク管理態勢を構築するために，営業・管理・監査の各部門等が担う役割・責任を，経営陣の責任の下で明確にして組織的に対応を進めることが重要であるとして，各部門等の役割・責任の明確化の観点から，「三つの防衛線（three lines of defense）」の概念の下で整理することが一つの方法として考えられるとしている。

　具体的には，金融機関のマネロン管理態勢の機能を，三つの防衛線（第1の防衛線（第1線）：営業部門，第2の防衛線（第2線）：コンプライアンス部門・リスク管理部門等の管理部門，第3の防衛線（第3線）：内部監査部

門）と整理し，各防衛線について「対応が求められる事項」を記載している。

解説＆正解

(1) 適切な記述である。第1の防衛線とは，顧客と直接対面する活動を行う営業店や営業部門である。第1線では，所属員全員が，自らが関わりを持つマネロン・テロ資金供与リスクについて正しく理解したうえで，日常的に自らが行っているマネロン・テロ資金供与対策について自律的なリスク管理を行うことが求められる。

(2) 第2の防衛線とは，コンプライアンス部門やリスク管理部門等の管理部門であり，第1線の自律的なリスク管理に対して，独立した立場から牽制を行うとともに，第1線を支援する。管理部門には，マネロン・テロ資金供与対策を主管する部門のほか，取引モニタリングシステムを所管する部門や専門性を有する人材の確保・維持を担う人事部門も含まれる。

(3) 第3の防衛線とは，内部監査部門をさし，第1線と第2線が適切に機能しているか，さらなる高度化の予知はないかなどについて，独立した立場で定期的に検証することが求められる。

正解 (1)

〔問-7〕疑わしい取引の届出

疑わしい取引の届出に関して，適切な記述は次のうちどれですか。

(1) 取引時確認を行った特定取引の対象取引以外の取引については，疑わしい取引の届出の対象外である。

(2) 疑わしい取引の届出は，顧客との間で成立した取引を対象として，金融機関が疑わしいと判断した場合に行う必要がある。

(3) 特定事業者から届け出られた疑わしい取引に関する情報は，国家公安委員会と警察庁で集約し，整理・分析することにより，マネロン犯罪や各種犯罪の捜査等に活用される。

POINT

疑わしい取引の届出制度は，特定事業者から犯罪による収益に係る疑わしい取引に関する情報を集約して，マネロン犯罪またはその前提犯罪の捜査に役立てることを目的とするもので，本人特定事項の確認や確認記録・取引記録の作成・保存義務と同様，FATF勧告にもとづき各国に対して導入が求められている制度である。

金融機関等の特定事業者は，①特定業務において収受した財産が犯罪による収益である疑いがある場合，または，②顧客等が特定業務に関し組織的犯罪処罰法10条の罪もしくは麻薬特例法6条の罪に当たる行為を行っている疑いがあると認められる場合，行政庁に対し，疑わしい取引の届出を行わなければならない（犯罪収益移転防止法8条1項）。

また疑わしい取引の届出は，金融機関等と顧客との取引が成立したことは必ずしも必要ではなく，未遂の場合や契約を謝絶した場合でも届出の対象となる。

なお，ガイドラインは，疑わしい取引に該当すると判断した場合には，疑わしい取引の届出を「直ちに」行う態勢を構築することとしているが，犯罪収益移転防止法上の「速やかに」との規定よりもより迅速な対応が求められ

ており，パブリックコメントでは，疑わしい取引に該当すると判断している取引について，その判断から届出までに1ヵ月程度を要する場合は，「直ちに行う態勢を構築」しているとはいえないとされている。

　また，ガイドラインFAQにおいても，「疑わしい取引に該当すると判断した取引について，1か月に1回決まった日にまとめて届出を行うといった対応は，適切ではない」と示されている。

解説&正解

(1)　金融機関等の特定事業者は，「特定業務」において収受した財産が犯罪による収益である疑いがある場合，行政庁に対して「疑わしい取引の届出」を行う必要がある。特定業務とは，預貯金取扱金融機関の業務全般をさすため，取引時確認の対象となる特定取引以外の取引も，疑わしい取引の届出の対象となる。

(2)　疑わしい取引の届出は，金融機関等と顧客との取引が成立したことは必ずしも必要ではなく，未遂の場合や契約の締結を断った場合も対象となる。

(3)　適切な記述である。「犯罪収益移転防止法の概要」（警察庁）は，「特定事業者から届け出られた疑わしい取引に関する情報は，国家公安委員会・警察庁で集約し，整理・分析することにより，マネー・ローンダリング犯罪や各種犯罪の捜査等に活用されています」としている。

正解　(3)

〔問－8〕 疑わしい取引の参考事例（預金取扱い金融機関）

金融庁の「疑わしい取引の参考事例」（預金取扱い金融機関）に関して，適切な記述は次のうちどれですか。

(1) 疑わしい取引の参考事例は，特に注意を払うべき取引の類型が示されたものであり，参考事例に形式的に合致する取引については，すべて疑わしい取引の届出を行う。

(2) 金融機関は，疑わしい取引の参考事例のほか，顧客の属性や取引時の状況，その他保有している情報から総合的に勘案して，個別具体的な取引が疑わしい取引に該当するか否かを判断する。

(3) 疑わしい取引の参考事例は，現金の使用形態，預金，送金，顧客の属性に関する事例が挙げられており，融資に関する事例は含まれない。

POINT

　金融庁がWebサイトで公表している「疑わしい取引の参考事例」は，金融機関等が疑わしい取引の届出義務を履行するにあたり，疑わしい取引に該当する可能性のある取引として特に注意を払うべき取引の類型を例示したものであり，個別具体的な取引が疑わしい取引に該当するか否かについては，金融機関等において，顧客の属性，取引時の状況その他保有している当該取引に係る具体的な情報を最新の内容に保ちながら総合的に勘案して判断する必要があるとされている。また，同参考事例は，これらの事例に形式的に合致するものがすべて疑わしい取引に該当するものではない一方，これに該当しない取引であっても，金融機関等が疑わしい取引に該当すると判断したものは届出の対象となることに注意を要するとされている。

　疑わしい取引の参考事例（預金取扱い金融機関）の掲載事例は，大きく次の8つに分類されている。

　第1　現金の使用形態に着目した事例

第2　真の口座保有者を隠匿している可能性に着目した事例

第3　口座の利用形態に着目した事例

第4　債券等の売買の形態に着目した事例

第5　保護預り・貸金庫に着目した事例

第6　外国との取引に着目した事例

第7　融資及びその返済に着目した事例

第8　その他の事例

解説&正解

(1)　疑わしい取引の参考事例は，これらの事例に形式的に合致するものがすべて疑わしい取引に該当するものではない一方，これに該当しない取引であっても，金融機関等が疑わしい取引に該当すると判断したものは届出の対象となることに注意を要するとされている。

(2)　適切な記述である。疑わしい取引の参考事例は，金融機関等が疑わしい取引の届出義務を履行するにあたり，疑わしい取引に該当する可能性のある取引として特に注意を払うべき取引の類型を例示したものであり，具体的な取引が疑わしい取引に該当するか否かについては，金融機関等において，顧客の属性，取引時の状況その他保有している当該取引に係る具体的な情報を最新の内容に保ちながら総合的に勘案して判断する必要があるとされている。

(3)　疑わしい取引の参考事例（預金取扱い金融機関）の掲載事例には，融資および返済に着目した事例（第7）も含まれている。

正解　(2)

対面取引における取引時確認に関して，適切でない記述は次のうちどれですか。

(1) 個人の取引時確認においては，運転免許証のコピーの提示を受けることにより個人の本人特定事項の確認をすることができる。

(2) 法人の取引時確認においては，法人の登記事項証明書の原本の提示を受けることにより法人の本人特定事項の確認をすることができる。

(3) なりすましの疑いがある場合，以前に確認した事項を偽っていた疑いがある場合，イラン・北朝鮮に関連する特定取引，外国PEPsとの特定取引の場合は，通常の取引時確認に加えて追加の本人確認書類または補完書類の提示を受けなければならない。

POINT

　取引時確認とは，犯罪収益移転防止法にもとづく「特定取引」（4条1項）を行う際に，顧客の本人特定事項，取引目的，職業または事業の内容などの事項を確認することであり，そのポイントは次の通りである。

① 個人の場合，本人特定事項(氏名，住居，生年月日)，取引目的，職業を確認する

② 法人の場合，本人特定事項（名称，本店または主たる事務所の所在地），取引目的，事業内容，実質的支配者の本人特定事項を確認する

③ 代表者や代理人など，実際に取引を担当する個人の本人特定事項も確認する

④ 対面取引の本人特定事項の確認は，本人確認書類の原本の提示を受けることが基本である。取引目的，個人の職業，法人の実質的支配者は，申告により確認し，法人の事業内容は，登記事項証明書や定款の写しなどで確認する

⑤　ハイリスク取引では，厳格な取引時確認が必要となる

解説＆正解

(1)　個人の取引時確認の場合，運転免許証，パスポート，マイナンバーカード，在留カードなどにより個人の本人特定事項（氏名，住居，生年月日），取引目的，職業を確認する。本人特定事項の確認は，本人確認書類の原本の提示を受ける方法が基本である。

(2)　適切な記述である。法人の取引時確認の場合，登記事項証明書，印鑑登録証明書その他官公庁から発行・発給された書類などにより法人の本人特定事項（名称，本店または主たる事務所の所在地）の確認を行うほか，取引目的，事業内容，代表者等の確認および実質的支配者の確認を行う。

(3)　適切な記述である。①継続的な契約に基づく取引においてなりすましまたは以前に確認した事項を偽っていた疑いがある場合，②イラン・北朝鮮に関連する特定取引，③外国PEPsとの特定取引は，ハイリスク取引として「厳格な取引時確認」が必要となる。この場合，通常の特定取引に際して行う確認の方法に加えて，追加の本人確認書類・補完書類の提示等を受けることが必要となる。また，上記①の場合には，通常の確認方法または追加の確認方法において，継続的契約の締結に際して確認した書類以外の書類を少なくとも1点，確認することが必要となる。

　さらに，ハイリスク取引に該当する場合は，実質的支配者の本人特定事項についても，株主名簿や有価証券報告書等の法人の議決権の保有状況等を示す書類等を確認し，かつ当該法人の代表者等から申告を受けることが必要となる。

正解　(1)

マネー・ローンダリング対策の基礎知識

取引時確認を要するかどうかの判断に関して，適切な記述は次のうちどれですか。

(1) 貸金庫取引の開始時においては，取引時確認が必要である。

(2) 専門学校への入学金・授業料支払いのために200万円超の現金を受払いする場合は，取引時確認が必要である。

(3) 現金20万円の振込について，取引時確認をしようとしたところ，10万円の振込を2回に分けて行われた場合は，取引時確認は不要である。

POINT

取引時確認が必要な「特定取引」は，犯罪収益移転防止法施行令7条1項に列挙される「対象取引」と，犯罪収益移転防止法施行規則5条に列挙される「顧客管理を行う上で特別の注意を要する取引」からなり，金融機関に関連する主な「対象取引」には，以下のものがある。

① 口座開設，貸金庫，保護預りなどの取引開始時

② 200万円を超える現金・持参人払式小切手などの受払いを伴う取引

③ 10万円を超える現金受払いによる振込・自己宛小切手の振出し

④ 融資取引

対象取引に該当しない取引でも，「疑わしい取引」および「同種の取引の態様と著しく異なる態様で行われる取引」は，「顧客管理を行う上で特別の注意を要する取引」として，特定取引となる。

一方，形式的に対象取引に該当する取引であっても，例えば現金等受払取引のうち，電気・ガス・水道料金や各種学校の入学金・授業料等の支払いに係るものは対象取引から除外される。

また，現金等受払取引の200万円，10万円などの敷居値（閾値）の金額以下の取引でも，1回あたりの金額を減少させるために1つの取引を分割し

たものであることが一見して明らかな場合は，全体を1つの取引とみなして
敷居値（閾値）を判断する必要がある。

解説&正解

(1) 適切な記述である。口座開設，貸金庫，保護預りなどの取引開始時は，
    犯罪収益移転防止法上の「特定取引」に該当し，取引時確認が必要である。

(2) 現金等受払取引のうち，電気・ガス・水道料金や各種学校の入学金・授
    業料等の支払いは，マネロン等のリスクが低い「簡素な顧客管理を行うこ
    とが許容される取引」として，対象取引から除外されている。

(3) 敷居値（閾値）のある取引について，1回あたりの取引の金額を減少さ
    せるために取引を分割したものであることが一見して明らかであるときは，
    全体の取引を1つの取引とみなして特定取引への該当性を判断することと
    されている。

正解　(1)

─ 〔問-11〕 同種の取引の態様と著しく異なる態様の取引 ─

犯罪収益移転防止法上の「同種の取引の態様と著しく異なる態様」の取引に関して，適切でない記述は次のうちどれですか。

(1) 顧客の資産や収入に見合っていると考えられる取引ではあるが，一般的な同種の取引と比較して高額な取引は，「同種の取引の態様と著しく異なる態様の取引」に該当する可能性がある。

(2) 「同種の取引の態様と著しく異なる態様で行われる取引」と認められる場合は，取引時確認済みの顧客であっても，再度の取引時確認が必要となる。

(3) 「同種の取引の態様と著しく異なる態様で行われる取引」に当たるかどうかを確認するためには，顧客から証明資料の提示を受けることが必要である。

POINT

「同種の取引の態様と著しく異なる態様で行われる取引」は，2015年の犯罪収益移転防止法施行規則改正により追加された取引で，「疑わしい取引」と同様，「顧客管理を行う上で特別の注意を要する取引」と位置付けられ，通常の特定取引よりもリスクが高いことから，取引時確認済みの顧客であっても再度の取引時確認が必要になるなど，より厳しい管理が必要とされる。一律の判断基準はないが，金融機関職員としての一般的な知識や経験，商慣行をふまえて判断する必要があり，パブリックコメントにおける例示は次の通りである。

『「疑わしい取引」に該当するとは直ちに言えないまでも，その取引の態様等から類型的に疑わしい取引に該当する可能性があるもので，
○資産や収入に見合っていると考えられる取引ではあるものの，一般的な同種の取引と比較して高額な取引
○定期的に返済はなされているものの，予定外に一括して融資の返済が行わ

れる取引
等の業界における一般的な知識，経験，商慣行等に照らして，これらから著しく乖離している取引等』

解説＆正解

(1)　適切な記述である。

(2)　適切な記述である。「同種の取引の態様と著しく異なる態様で行われる取引」は，「顧客管理を行う上で特別な注意を要する取引」と位置付けられ，通常の特定取引よりもリスクが高いことから，取引時確認済みの顧客であっても，再度の取引時確認が必要になる。

(3)　「同種の取引の態様と著しく異なる態様で行われる取引」に当たるかどうかを確認するために，通常の業務の範囲（顧客へのヒアリングなど）を超えるような特別の調査や証明資料の収集・保存等を行うことは不要とされている。

正解　(3)

〔問-12〕 確認記録

確認記録に関して，適切でない記述は次のうちどれですか。

(1) 確認記録は，特定取引等に係る契約が終了した日から7年間保存しなければならない。

(2) 取引時確認のために書類の提示を受けた場合は，その名称と記号番号その他本人確認書類を特定するに足りる事項を確認記録に記録しなければならない。

(3) 確認記録に記載した顧客に関する情報に，変更または追加があったことを知った場合は，過去の記載内容を消去し，当該変更または追加に係る内容を記載しなければならない。

POINT

　金融機関等の特定事業者が取引時確認を行った場合には，直ちに確認記録を作成し，特定取引等に係る契約が終了した日から7年間保存しなければならない（犯罪収益移転防止法6条3項）。

　確認記録の記録事項は，犯罪収益移転防止法施行規則に列挙されているが，確認記録に本人確認書類等の写しを添付する場合，当該書類等に記載された事項については確認記録への記載を省略することができる（20条2項）。また，確認記録の内容に変更等があることを知った場合には変更事項等を付記（または別記録を作成して一緒に保存）する必要があり，すでにある記載内容を消去してはならないとされている（同条3項）。

解説&正解

(1) 適切な記述である。特定事業者が取引時確認を行った場合には，直ちに確認記録を作成し，特定取引等に係る契約が終了した日から7年間保存しなければならない。

(2) 適切な記述である。なお，提示を受けた本人確認書類の写しを確認記録

に添付する場合，当該写しに記載された事項については確認記録への記載を省略することができる。

(3)　確認記録の内容に変更等があったことを知った場合，変更事項等を付記（または別記録を作成して一緒に保存）し，すでにある記載内容を消去してはならない。

正解　(3)

┌─ 〔問-13〕取引記録 ─────────────────

取引記録に関して，適切でない記述は次のうちどれですか。

(1) 取引記録を作成しなければならない取引の範囲は，取引時確認の
　　 対象となる取引と同じである。

(2) 残高照会を依頼された場合は，取引記録の作成は不要である。

(3) 振込の依頼を受けた場合は，振込元だけでなく振込先の名義を特
　　 定できる事項を記録することが必要である。

└──────────────────────────────

┌─ POINT ─┐
└─────────┘

　金融機関は，特定業務に係る取引を行った場合には，少額の取引その他の
政令で定める取引を除き，直ちに，顧客等の確認記録を検索するための事項，
当該取引の期日および内容その他の主務省令で定める事項に関する記録を作
成し（犯罪収益移転防止法7条1項），当該取引の行われた日から7年間保存
しなければならない（同条3項）。犯罪収益移転防止法施行規則24条に定め
る主な記録事項は，①口座番号その他の顧客の確認記録を検索するための事
項（確認記録がない場合にあっては，氏名その他の顧客等または取引を特定
するに足りる事項），②取引の日付，種類，財産の価額，③財産移転を伴う
取引にあっては，当該取引および財産移転に係る移転元または移転先の名義
その他の当該財産移転に係る移転元または移転先を特定するに足りる事項，
などである。

　取引記録の作成・保存を必要とする取引は，特定取引に限られず，金融機
関の特定業務から発生する取引全般であり，取引記録を作成すべき取引の範
囲は，取引時確認の対象となる特定取引よりも広くなるが，一定の取引につ
いては，取引記録の作成が免除されている。

　取引記録の作成が免除される取引の例としては，①財産移転を伴わない取
引（残高照会など），②1万円以下の財産の財産移転にかかる取引，③200
万円以下の本邦通貨間の両替または200万円以下の本邦通貨と外国通貨の

両替もしくは200万円以下の旅行小切手の販売もしくは買取りなどが定められている。

解説＆正解

(1) 取引記録は，特定取引だけでなく，それ以外の特定業務に係る取引を行った場合にも作成しなければならない。

(2) 適切な記述である。財産の移動を伴わない残高照会等の取引や，1万円以下の財産の移転に係る取引については取引記録の作成は不要である。

(3) 適切な記述である。財産の移転を伴う取引にあっては，当該取引および財産の移転元または移転先の名義その他の当該財産移転に係る移転元または移転先を特定するに足りる事項を記録することが必要である。

正解 (1)

取引時確認済みの確認に関して，適切でない記述は次のうちどれですか。

(1) 過去に取引時確認を行い，確認記録を作成・保存している顧客との特定取引においては，原則として改めて取引時確認を行う必要はない。

(2) 顧客と面識がある場合でも，取引時確認済みの確認を行うことはできない。

(3) 過去に取引時確認を行った顧客であることを確認するためには，預貯金通帳の提示を受ければよい。

POINT

犯罪収益移転防止法上，対象取引に該当する取引を顧客との間で実施する場合には，取引時確認を行う必要があるのが原則であるが，①すでに取引時確認を行っており，かつ，②当該取引時確認について確認記録を作成し保存している顧客との通常の特定取引の場合（ハイリスク取引等でない場合），改めて取引時確認を行う必要はなく，取引時確認済みの確認を行えば足りる（4条3項・犯罪収益移転防止法施行令13条2項・同法施行規則17条）。

この場合の「取引時確認済みの確認」は，次のAとBの双方による必要がある。

A：①から③のいずれかに該当

① 顧客と記録されている者とが同一であることを示す書類等（預貯金通帳等）の提示または送付を受ける

② 顧客しか知り得ない事項等（パスワード・暗証番号等）の申告を受けることにより，顧客と記録されている者とが同一であることを確認する

③ 特定事業者が顧客と面識がある場合など，顧客が確認記録に記録されている顧客等とが同一であることが明らかである

B：上記Aの取引時確認済みの確認を行った当該取引の確認記録を検索する
　　ための事項，取引等の日付，取引等の種類を記録し，取引の日から7年
　　間保存する

　ただし，取引時確認済みの顧客との取引であっても，当該取引がハイリス
ク取引に当たる場合には，厳格な取引時確認の実施が必要であるほか，顧客
管理を行う上で特別の注意を要する取引（疑わしい取引，同種の取引の態様
と著しく異なる態様で行われる取引）の場合には，改めて取引時確認の実施
が必要となる。

解説&正解

(1)　適切な記述である。ただし，「ハイリスク取引」や「特別の注意を要する
　　取引」に該当する場合は，厳格な取引時確認または通常の取引時確認を行
　　わなければならない。
(2)　顧客と面識がある場合など，その顧客が確認記録に記録されている顧客
　　と同一であることが明らかな場合には，取引時確認済みの確認の方法を用
　　いることができる。
(3)　適切な記述である。本項POINTの通り，すでに取引時確認済みの顧客
　　と同一であることを確認し（A），確認記録を検索するための事項等を記録
　　し保存する（B）方法による。

正解　(2)

〔問-15〕 本人確認書類

取引時確認に用いる本人確認書類に関して，適切でない記述は次のうちどれですか。

(1) 本人確認書類は，個人・法人等の顧客の区分に応じ，犯罪収益移転防止法施行規則に列挙されているものに限られる。

(2) 本人確認書類に有効期限がある場合は，その提示を受ける日に有効なものである必要がある。

(3) 本人確認書類に住居や本店等所在地の記載がない場合は，国税・地方税の領収証書やマイナンバーの通知カードなど官公庁発行書類を補完書類として用いることができる。

POINT

　本人確認書類とは，取引時確認において，顧客の本人特定事項（個人の場合は氏名，住居および生年月日，法人の場合は名称，本店または主たる事務所の所在地）を確認するために用いる公的な証明書類である。

　本人確認書類として認められるのは犯罪収益移転防止法施行規則7条に列挙されているものに限られ，それ以外のものは認められない。確認の対象が個人・法人である場合等のほか，証明力の高さ（顔写真付き本人確認書類かどうか等）に応じて，それぞれ本人特定事項の確認方法が異なる。

　本人確認書類に有効期限がある場合は，提示・送付を受ける日において有効なものである必要があり，有効期限がない場合においては，提示・送付を受ける日の前6ヵ月以内に作成されたものである必要がある。

　また，本人確認書類に現在の住居や本店等所在地の記載がない場合，その記載がある補完書類の提示または送付を受けることで現在の住居や本店等所在地を確認することができる。主な補完書類は，次の通りである（領収日付の押印または発行年月日の記載があり，提示・送付を受ける日の前6ヵ月以内のものに限られる）。

・国税または地方税の領収証書または納税証明書
・社会保険料の領収証書
・公共料金（日本国内のものに限る）の領収証書
・官公庁発行書類等（マイナンバーの通知カードは含まない）
・外国政府等発行書類等

解説＆正解

(1) 適切な記述である。

(2) 適切な記述である。なお，有効期限がない書類の場合は，提示日の前6ヵ月以内の領収日付の押印または発行年月日の記載があるものでなければならない。

(3) 官公庁発行書類等は住居等を確認するための補完書類となるが，マイナンバーの通知カードは含まれない。

正解 (3)

〔問-16〕 本人確認書類の取扱いの留意点

取引時確認に用いる本人確認書類の取扱いに関して，適切な記述は次のうちどれですか。

(1) 国民年金手帳が提示された場合，基礎年金番号を記録することは認められていない。

(2) 個人番号カードの両面のコピーの送付を受けた場合，裏面部分のみを確認記録に添付する。

(3) 健康保険証の提示を受けた場合，被保険者番号・記号を記録することは認められている。

POINT

　犯罪収益移転防止法上認められている本人確認書類である個人番号カード，国民年金手帳，健康保険証や共済加入者証等を取引時確認等に用いる場合，各種番号・記号の収集・記録について注意が必要である。

　特定事業者は，マイナンバー法20条がマイナンバーについて収集・保管を原則として禁止していること，国民年金法108条の4が基礎年金番号について，健康保険法194条の2が被保険者等記号・番号等について，それぞれ告知を求めることを原則として禁止していることに留意しなければならない。

　なお，介護保険証の被保険者番号については，介護保険法上，収集・保管や告知を求めることは禁止されていない。

　対面取引において，マイナンバーや基礎年金番号，被保険者等記号・番号が記載された書類の提示を受ける場合，これらの番号を書き写したり，裏面の写しを取ったりしないようにしなければならない。

　また，非対面取引において，本人確認書類の写しの送付を受けることにより本人特定事項の確認を行う場合，上記の収集・記録が禁止されている部分の送付を受ける必要はなく，当該番号・記号等の記載された写しの送付を受

けた場合，当該裏面部分を復元できないようにして廃棄するか，当該書類の番号・記号部分を復元できない程度にマスキング，黒塗り等したうえで確認記録に添付することが必要である。

> 解説&正解

(1) 適切な記述である。国民年金手帳を取引時確認に用いる場合，国民年金法に基づいて基礎年金番号の告知を求めることが禁止されており，記録しないことに注意が必要である。

(2) 個人番号カードを取引時確認に用いる場合，マイナンバー法に基づいてマイナンバーの収集が禁止されており，個人番号が記載された個人番号カード裏面の写しの送付を受ける必要はない。個人番号カードの裏面の写しの送付を受けた際には，裏面部分を復元できないようにして廃棄するか，または個人番号部分を復元できない程度にマスキング・黒塗り等して確認記録に添付する必要がある。

(3) 健康保険証や共済加入者証等を取引時確認に用いる場合，被保険者等記号・番号の告知を求めることが禁止されており，記録しないことに注意が必要である。

正解 (1)

取引時確認における職業・事業の内容の確認方法に関して，適切でない記述は次のうちどれですか。

(1) 顧客が自然人の場合は，顧客から申告を受ける方法で職業を確認する。

(2) 顧客が法人の場合は，登記事項証明書，定款等の書類またはその写しを確認する方法で事業の内容を確認する。

(3) 顧客から勤務先の名称の申告を受けることで，職業の確認を行ったものとすることができる。

POINT

　取引時確認における個人の職業については，顧客から申告を受ける方法により確認し，職業の内容として，勤務先の名称や役職までは含まれず，「会社員」「公務員」「医師」「学生」「無職」等の分類程度でよいとされている。ただし，勤務先の名称等から職業が明らかである場合を除き，勤務先の名称等の確認をもって職業の確認に代えることはできないとされている。また，複数の職業を有している者については，そのすべてを確認することが必要であるものの，1つの職業を確認した場合に，他の職業を有していないかについて積極的に確認することまでは求められない。

　法人の事業内容については，次のいずれかの書類を，顧客等，代表者等その他の関係者から提示または送付を受ける方法のほか，特定事業者において入手・閲覧することにより確認する方法による。

・内国法人の場合……①定款，②有価証券報告書等の法令に基づき作成される書類で，当該法人の事業の内容の記載があるもの，③当該法人の設立の登記に係る登記事項証明書（当該法人が設立の登記をしていないときは，当該法人を所轄する行政機関の長の当該法人の事業の内容を証する書類），④官公庁から発行され，または発給された書類その他これに類するもので，

当該法人の事業の内容の記載があるもの

・外国法人の場合……①上記内国法人の①〜④の書類，②外国の法令により
当該法人が作成することとされている書類で，当該法人の事業の内容の記
載があるもの，③日本国政府の承認した外国政府または権限ある国際機関
の発行した書類その他これに類するもので，当該法人の事業の内容の記載
があるもの

なお，法人が複数の事業を営んでいる場合には，そのすべてについて確認
する必要があるとされているが，多数の事業を営んでいる場合には，取引に
関連する主たる事業のみを確認することも認められる。

リスクが高いと判断される顧客についてのより厳格な顧客管理においては，
ガイドラインに基づき，リスクに応じて，追加的な質問をすることや，書面
の提出を求めるなどの対応が求められる。

解説＆正解

(1) 適切な記述である。

(2) 適切な記述である。

(3) 勤務先の名称等から職業が明らかである場合を除き，勤務先の確認を
もって職業の確認に代えることはできないとされている。

正解 (3)

〔問－18〕 個人の本人確認書類の種類と確認方法

個人の本人確認書類に関して，適切でない記述は次のうちどれですか。

(1)　対面取引で，運転免許証を用いて本人特定事項を確認する場合は，他に本人確認書類を提示する必要はない。

(2)　旅券は犯罪収益移転防止法施行規則に列挙される本人確認書類であるが，2020年2月4日以降に申請して発行された旅券は単独で本人特定事項の確認に用いることはできない。

(3)　郵送で本人確認書類の写しを受け付ける場合は，1種類の写しの送付を受け，記載住所に転送不要郵便を送付すればよい。

POINT

本人確認書類は，犯罪収益移転防止法施行規則7条に列挙されるものに限られる。個人の本人確認書類の種類は，次の通り，写真付き本人確認書類（A群），それ以外で証明力が中程度（B群），それ以外で証明力が低いもの（C群）の3類型に分かれる。

A群	写真付き本人確認書類	運転免許証，運転経歴証明書，在留カード，特別永住者証明書，マイナンバー（個人番号）カード，パスポート（旅券）※，乗員手帳（船員手帳），身体障害者手帳，精神障害者保健福祉手帳，療育手帳，戦傷病者手帳，その他顔写真付きかつ氏名・住居・生年月日の記載がある官公庁発行・発給書類等（国外運転免許証等）
B群	写真なしで証明力が中程度	各種保険証，健康保険日雇特例被保険者手帳，共済組合員証，私立学校教職員共済加入者証，国民年金手帳，児童扶養手当証書，特別児童扶養手当証書，母子健康手帳，特定取引に係る書類に顧客が押印した印鑑の印鑑登録証明書
C群	写真なしで証明力が低い	B群以外の印鑑登録証明書，戸籍謄本・抄本（附票写し添付に限る），住民票の写し，住民票の記載事項証明書，その他氏名・住居・生年月日の記載がある官公庁発行・発行書類等（自衛隊診療証等。なお個人番号の通知カードは含まない点に注意）

※ 2020年2月4日以降に申請して発行されたパスポートは住所欄（所持人記入欄）がないため，追加で住所記載のある本人確認書類または補完書類の提示を求める必要がある。

対面取引の確認方法では，A群は1種類の提示，B・C群は，(i)2種類の提示，(ii)1種類と補完書類の提示，(iii)1種類の提示＋転送不要郵便の送付のいずれかが典型的である。

　非対面取引では，(i)A～C群2種類の写しの送付を受け転送不要郵便を送付，(ii)A～C群1種類＋補完書類の送付を受け転送不要郵便を送付，のいずれかの方法が典型的である。

対面取引	A群	1種類の提示を受ける
	B群	1種類の提示を受ける＋他の本人確認書類（A～C群）または補完書類の写しの送付を受ける
	B群・C群	(1)2種類の提示を受ける（B＋B群，B＋C群いずれも可） (2)1種類＋補完書類の提示を受ける (3)1種類の提示を受ける＋転送不要郵便を送付する
非対面取引	A～C群	(1)1種類の原本の送付を受ける（※A群では考えにくい） (2)2種類の写しの送付を受ける＋転送不要郵便を送付する (3)1種類の写し＋補完書類（写し可）の送付を受ける＋転送不要郵便を送付する

解説＆正解

(1)　適切な記述である。対面取引において，運転免許証等の写真付き本人確認書類で本人特定事項を確認する場合は，他に本人確認書類を提示する必要はない。

(2)　適切な記述である。2020年2月4日以降に申請して発行されたパスポートは住所欄（所持人記入欄）がないため，単独で本人特定事項の確認を行うことはできない。

(3)　郵送で本人確認書類の写しを受け付ける場合は，2種類の写しの送付を受け，記載住所に転送不要郵便を送付する方法による。

正解　(3)

〔問-19〕法人の本人確認書類の種類と確認方法

法人の本人確認書類に関して，適切でない記述は次のうちどれですか。

(1) 法人の本人確認書類として，登記事項証明書または印鑑登録証明書を用いることができる。

(2) 法人との対面取引の場合，本人確認書類の写しの提示を受ける。

(3) 本人確認書類の提示を受けなくても，法人の名称や本店所在地の申告を受けたうえで，登記情報提供サービスから登記情報を取得することで本人特定事項を確認することができる。

POINT

法人の本人確認書類は，以下の3種類である。

① 当該法人の設立の登記に係る登記事項証明書

② 印鑑登録証明書

③ 官公庁から発行または発給された書類その他これに類するもので当該法人の名称および本店または主たる事務所の所在地の記載があるもの

法人の本人特定事項の典型的な確認方法は，次の通りである。

・対面取引……本人確認書類（原本）の提示を受ける

・非対面取引……本人確認書類（写し可）の送付を受ける＋当該本人確認書類に記載されている本店等に転送不要郵便を送付する

また，本人確認書類を用いずに法人の本人特定事項を確認する方法は，次の通りである。

① 法人の名称・本店または主たる事務所の所在地の申告を受け，登記情報提供サービスから登記情報を取得する方法

② 法人の名称・本店または主たる事務所の所在地の申告を受け，国税庁法人番号公表サイトで当該法人の名称・本店または主たる事務所の所在地を確認する方法

　なお，上記①を非対面取引で用い，かつ，代表権のある役員として登記されていない者から申告を受ける場合は，上記①に加え，法人の本店または主たる事務所に宛てて転送不要郵便を送付する必要がある。また，②を非対面取引で用いる場合も，上記②に加え，法人の本店または主たる事務所に宛てて転送不要郵便を送付する必要がある。

解説＆正解

(1)　適切な記述である。

(2)　対面取引の場合，本人確認書類は原本の提示を受ける必要がある。

(3)　適切な記述である。なお，登記情報提供サービスを用いた非対面取引において，代表権のある役員として登記されていない者から申告を受ける場合，転送不要郵便を送付しなければならない。

正解　(2)

取引時確認における「代表者等の確認」に関して，適切な記述は次の
うちどれですか。

(1) 顧客が法人の場合，代表者等とは，法人を代表する権限を有する
　　者に限られる。

(2) 特定取引を行っている者が名義人顧客と異なる場合，顧客ではな
　　く，実際に取引を行う代表者等について本人特定事項の確認を行う。

(3) 代表者等の本人特定事項を確認するにあたっては，委任状を有し
　　ている等，代表者等が顧客のために特定取引等の任にあたっている
　　と認められる事由が必要である。

POINT

　顧客本人と異なる者（代理人・取引担当者等）と特定取引を行う場合には，
顧客本人の本人特定事項の確認に加えて，来店者（犯罪収益移転防止法上，
「代表者等」という）について，顧客本人のために特定取引等の任にあたって
いると認められる事由の確認および当該代表者等の本人特定事項の確認が必
要である（犯罪収益移転防止法施行規則12条）。

　顧客のために特定取引の任にあたっていると認められる事由の確認は，顧
客が個人の場合，①顧客の同居の親族または法定代理人であること（住民票
や戸籍謄本等の書類により確認したり，本人確認書類により姓や住居等が同
一であることなどを確認すること，実際に顧客の住居に赴いて関係を確認す
ること），②顧客が作成した委任状を有していること（顧客が作成したものと
認められれば足り，実印や印鑑登録証明書は不要），③顧客への架電その他
これに類する方法により確認できること（電子メール，ファクシミリ，訪問
等も含まれる），④その他特定事業者が顧客と取引担当者との関係を認識し
ている等の理由により，当該取引担当者が当該顧客のために，当該特定取引
の任にあたっていることが明らかであること（委任状と再委任状のような複

数の書類による確認や第三者への確認等）などによることが必要である。

　顧客が個人以外の場合（人格のない社団・財団を除く）には，①顧客が作成した委任状等を有していること，②当該取引担当者が当該顧客を代表する権限のある役員として登記されていること，③顧客の本店，営業所または当該取引担当者が所属すると認められる官公署への架電その他これに類する方法により確認できること，④その他，特定事業者が顧客と取引担当者との関係を認識している等の理由により，当該取引担当者が当該顧客のために当該特定取引の任にあたっていることが明らかであることを確認する必要がある。また，法人の取引担当者の確認方法として，社員証は認められておらず，法人の代表者については，当該法人を代表する権限を有する役員として登記されていることが必要とされている。

　なお，取引担当者が顧客の本人確認書類を有していることのみでは，顧客のために特定取引の任にあたっていることの確認として認められないとされている。

解説＆正解

(1)　犯罪収益移転防止法において，代表者等とは，顧客のために現に特定取引等の任にあたっている自然人（取引担当者など）をいい，法人を代表する権限を有する者には限られない。

(2)　取引時確認においては顧客および代表者等の本人特定事項の確認が必要である。

(3)　適切な記述である。顧客等のために特定取引の任にあたっていることを，本項POINT記載の方法により確認しなければならない。

正解　(3)

〔問-21〕 実質的支配者の確認

実質的支配者に関して，適切でない記述は次のうちどれですか。

(1) 実質的支配者は，法人を隠れみのにしてマネロンを敢行するおそれがあり，本人特定事項を把握しておかなければならない。

(2) 通常の特定取引の場合，取引時確認における実質的支配者の確認は，来店者の申告を受けることで足りる。

(3) 実質的支配者の確認において，当該法人の議決権や収益等を受ける権利を一定数有している等，実質的支配者の要件に該当する者が複数いる場合は，そのうちの1人を実質的支配者として取り扱う。

POINT

実質的支配者とは，顧客法人を保有し，法人の事業経営を実質的に支配することが可能な関係にある者をいう。実質的支配者は，法人を隠れみのにしてマネロンを行うおそれがあり，本人特定事項の把握が必要である。原則として，顧客・代表者等から申告を受ける方法により確認するが，ハイリスク取引の場合は，株主名簿等の書類により確認する必要がある。

●資本多数決法人（株式会社，特例有限会社，投資法人，特定目的会社等）の実質的支配者

① 当該法人の議決権の総数の4分の1を超える議決権を直接または間接に保有していると認められる自然人(※)

② ①の自然人がいない場合，出資，融資，取引その他の関係を通じて当該法人の事業活動に支配的な影響力を有すると認められる自然人

③ 上記①および②の自然人がいない場合，当該法人を代表し，その業務を執行する自然人

※当該法人の事業経営を実質的に支配する意思または能力を有していないことが明らかな場合，または他の自然人が当該法人の議決権の2分の1を超える議決権を直接または間接に有している場合を除く。

●資本多数決法人以外の法人（一般社団・財団法人，学校法人，宗教法人，医療法人，社会福祉法人，特定非営利活動法人，持分会社等）の実質的支配者

① （i）当該法人の事業から生ずる収益または当該事業に係る財産の総額の4分の1を超える収益の配当または財産の分配を受ける権利を有していると認められる自然人（※）

または，

　（ii）出資，融資，取引その他の関係を通じて当該法人の事業活動に支配的な影響力を有すると認められる自然人

② 上記①の自然人がいない場合，当該法人を代表し，その業務を執行する自然人

※当該法人の事業経営を実質的に支配する意思または能力を有していないことが明らかな場合，または他の自然人が当該法人の事業から生ずる収益もしくは当該事業に係る財産の総額の2分の1を超える収益の配当もしくは財産の分配を受ける権利を有している場合を除く。

解説&正解

(1) 適切な記述である。

(2) 適切な記述である。実質的支配者の確認方法は，原則として申告を受けることによる。ただし，ハイリスク取引においては，株主名簿（資本多数決法人の場合）や登記事項証明書（資本多数決法人以外の法人の場合）等の書類またはその写しの提示を受けて確認しなければならない。

(3) 法人の実質的支配者に該当する自然人が複数いる場合は，そのすべてが実質的支配者としての確認対象となる。

正解 (3)

〔問-22〕本人特定事項の確認の方法（ハイリスク取引の場合）

犯罪収益移転防止法におけるハイリスク取引の場合の本人特定事項の確認方法に関して，適切でない記述は次のうちどれですか。

(1) 通常の特定取引に際して行う確認の方法に加え，追加の本人確認書類等の提示または送付を受ける方法による。

(2) 預貯金の払戻しに際し，なりすましの疑いがある場合には，預貯金契約の締結時に確認した書類以外の書類を少なくとも1つ確認する方法による。

(3) 法人の実質的支配者の確認については，取引担当者等から，実質的支配者の本人特定事項の申告を受ければ足りる。

POINT

ハイリスク取引に際しては，通常の取引時確認における確認の方法に加え，追加で本人確認書類または補完書類の確認を行わなければならない。また，それが継続的な契約に基づく取引においてなりすましや偽りの疑いがある場合においては，当該継続的な契約に際して確認した本人確認書類等以外の本人確認書類または補完書類を確認しなければならない。

実質的支配者の確認についても，株主名簿等による確認が必要となる。

また，その取引が200万円を超える財産の移転を伴う場合においては，個人の場合は源泉徴収票・確定申告書により，法人の場合は貸借対照表・損益計算書等により，「資産及び収入の状況」を確認する必要がある（犯罪収益移転防止法4条2項）。

解説＆正解

(1) 適切な記述である。

(2) 適切な記述である。なお，追加で提示または送付を受ける本人確認書類は，預貯金契約の締結時に確認した書類以外であれば，顔写真付きの本人

確認書類に限られず，他の本人確認書類や補完書類でもよい。

(3) ハイリスク取引の場合の法人の実質的支配者の確認に際しては，顧客等の株主名簿（資本多数決法人の場合），登記事項証明書（資本多数決法人以外の法人の場合）などの書類またはその写しを確認し，かつ実質的支配者の本人特定事項の申告を受ける方法による。

正解 (3)

┌───┐
│ 〔問-23〕 外国 PEPs   │
│   │
│ 外国PEPsに関して，適切な記述は次のうちどれですか。   │
│   │
│ (1) 外国PEPsとは，外国企業においてCEO等の重要な地位を占める │
│   者のことをいう。   │
│   │
│ (2) 犯罪収益移転防止法では，外国PEPsとの特定取引はハイリスク │
│   取引に当たるとされている。   │
│   │
│ (3) 外国PEPsである者が実質的支配者である法人は，外国PEPsに │
│   当たらない。   │
└───┘

POINT

　政府等において重要な地位を占める者やその近親者等はマネロンのリスクが高いと認識され，犯罪収益移転防止法上，外国PEPsとの特定取引はハイリスク取引として厳格な取引時確認の対象となる。

　犯罪収益移転防止法上，外国PEPsとは，次の者である。

① 外国の元首および外国の政府，中央銀行その他これらに類する機関において重要な地位を占める者として以下に該当する者ならびに過去これらの者であった者

(i) わが国における内閣総理大臣その他の国務大臣および副大臣に相当する職

(ii) わが国における衆議院議長，衆議院副議長，参議院議長または参議院副議長に相当する職

(iii) わが国における最高裁判所の裁判官に相当する職

(iv) わが国における特命全権大使，特命全権公使，特派大使，政府代表または全権委員に相当する職

(v) わが国における統合幕僚長，統合幕僚副長，陸上幕僚長，陸上幕僚副長，海上幕僚長，海上幕僚副長，航空幕僚長または航空幕僚副長に相当する職

(vi)　中央銀行の役員

(vii)　予算について国会の議決を経ること，または承認を受けなければならない法人の役員

②　①に掲げる者の家族（配偶者（婚姻の届出をしていないが，事実上婚姻関係と同様の事情にある者を含む），父母，子および兄弟姉妹ならびにこれらの者以外の配偶者の父母および子）

③　法人であって，①または②に掲げる者がその事業経営の実質的支配者であるもの

　外国PEPsに該当することの判断方法に決まった方法はないが，商業用データベースやインターネットを活用した確認方法のほか，顧客に申告を求める方法等が考えられるとされている。

解説＆正解

(1)　外国PEPsとは，外国政府等において重要な地位を占める者のことをいう。

(2)　適切な記述である。

(3)　外国PEPsは，犯罪収益移転防止法で列挙された重要な地位を占める（占めていた）者のほか，その配偶者や父母，子，兄弟姉妹などの家族も含まれ，またそれらの者が実質的支配者である法人についても該当する。

正解　(2)

〔問-24〕 資産及び収入の状況の確認

犯罪収益移転防止法における「資産及び収入の状況の確認」に関して，適切な記述は次のうちどれですか。

(1) 資産及び収入の状況の確認にあたっては，顧客等の資産・収入の全部を確認する必要がある。

(2) 資産及び収入の状況は，200万円を超える財産の移転を伴うすべての特定取引において確認する必要がある。

(3) 資産及び収入の状況は，顧客が個人の場合は源泉徴収票，顧客が法人の場合は貸借対照表を確認することで行うことができる。

POINT

　ハイリスク取引で，200万円超の財産の移転を伴う場合，顧客の「資産及び収入の状況」の確認を行わなければならない（犯罪収益移転防止法4条2項）。この確認は，疑わしい取引の届出を行うかどうか判断できる程度に行うこととされており，必ずしも資産及び収入の両方を確認する必要はなく，顧客の資産及び収入の全部を確認することが求められているものではない。

　顧客が個人である場合，源泉徴収票，確定申告書，預貯金通帳，これらに類する資産及び収入の状況を示す書類（残高証明書，支払調書，給与の支払明細書，納税通知書，納税証明書，所得証明書等)，ならびに当該顧客の配偶者（婚姻の届出をしていないが，事実上婚姻関係と同様の事情にある者を含む）に関する上記に掲げるものにより確認する。

　顧客が法人である場合，収支計算書，貸借対照表，これらに類する資産及び収入の状況を示す書類（有価証券報告書，正味財産増減計算書，損益計算書，預貯金通帳，法人税申告書別表二（同族会社等の判定に関する明細書）等）等により確認する。

解説＆正解

(1) 資産及び収入の状況は，疑わしい取引の届出を行うかどうかの判断ができる程度で行えばよいとされており，必ずしも顧客の資産・収入の全部を確認する必要はない。

(2) 資産及び収入の状況は，ハイリスク取引で，200万円を超える財産の移転を伴うものである場合に確認する必要がある。

(3) 適切な記述である。顧客が個人・法人である場合に応じ，POINTに記載の書類およびその写し等を確認する方法とされている。

正解 (3)

〔問-25〕 CDD (カスタマー・デュー・ディリジェンス)

ガイドラインにおけるCDD (カスタマー・デュー・ディリジェンス) に関して，適切な記述の組合せはどれですか。

> a　金融機関の窓口担当者は，顧客から必要な情報を取得し，不審な点がないかどうかを確認する役割を担っている。
>
> b　顧客リスク評価に応じて，取引モニタリングの敷居値 (閾値) 等を変更することが必要である。
>
> c　CDDは個別の顧客ごとに行われるものであり，リスクが高いと判断した顧客と属性が類似する別の顧客に対して，顧客リスク評価の厳格化を検討することは適切ではない。

(1)　a・b

(2)　a・c

(3)　a・b・cすべて

POINT

　CDD (カスタマー・デュー・ディリジェンス) とは，取引関係の開始時・継続時・終了時の各段階において，個々の顧客の情報や取引の内容等を調査し，顧客リスク評価を経たうえで，その結果に応じて，必要な措置 (顧客情報の申告・書類の提出を求めることや取引モニタリングの敷居値 (閾値) 等の変更) を講じることである。CDDは，マネロン対策において中核的な項目に位置付けられており，第1線である窓口業務は，顧客から必要な情報を取得し，不審な点がないかどうか確認する重要な役割を担っている。

　また，より厳格な対応をEDD (Enhanced Due Diligence)，より簡素な対応をSDD (Simplified Due Diligence) という。

　ガイドラインでは，リスクが高いと判断した顧客については，以下を含むリスクに応じた厳格な顧客管理 (EDD) を実施することが必要とされている。

○資産・収入の状況，取引の目的，職業・地位，資金源等について，リスクに応じ追加的な情報を入手すること

○当該顧客との取引の実施等につき，役席者の承認を得ること

○リスクに応じて，当該顧客が行う取引に係る敷居値の厳格化等の取引モニタリングの強化や，定期的な顧客情報の調査頻度の増加等を図ること

○当該顧客と属性等が類似する他の顧客につき，顧客リスク評価の厳格化等が必要でないか検討すること

　他方，リスクが低いと判断したSDDの対象顧客については，リスクの特性をふまえながら，取引モニタリングを弱めたり，顧客の情報の調査範囲・手法・更新頻度等を限定的にしたりするなど，円滑な取引の実行に配慮することが必要とされている。

解説＆正解

a　適切な記述である。第1線である窓口担当者は，顧客から必要な情報を取得し，不審な点がないかどうかを確認する役割を担っている。

b　適切な記述である。顧客リスク評価に応じて，申告を求める顧客の情報や提出を求める書類，取引モニタリングの敷居値（閾値）等を変更することが必要である。

c　ガイドラインでは，リスクが高いと判断した顧客については，当該顧客と属性等が類似する他の顧客につき，顧客リスク評価の厳格化等が必要でないか検討することが「対応が求められる事項」とされている。

正解　(1)

─〔問−26〕リスクに応じた簡素な顧客管理（SDD）─

ガイドラインにおける「リスクに応じた簡素な顧客管理（SDD）」に関して，適切な記述は次のうちどれですか。

(1) 法人および営業性個人の口座であっても，SDDの対象とすることができる。

(2) SDD対象顧客であっても，顧客情報が更新された場合は，顧客リスク評価の見直しが必要である。

(3) SDD対象顧客については，リスクベース・アプローチに基づく円滑な取引の実行に配慮するためであれば，モニタリングに係る敷居値（閾値）について，必ずしも法規制に従う必要はない。

POINT

ガイドラインにおける「リスクに応じた簡素な顧客管理（SDD）」とは，顧客リスク評価の結果，「低リスク」と判断された顧客のうち，一定の条件を満たした場合に，DM等を顧客に送付して顧客情報を更新するなどの積極的な対応を留保し，取引モニタリング等によって，マネロンリスクが低く維持されていることを確認する顧客管理措置であるとされており，犯罪収益移転防止法上の取引時確認の場面に適用される「簡素な顧客管理」とは異なる概念と説明されている。

SDDの対象は，一般的に，なりすましや不正利用等のリスクが低いことが考えられる顧客や口座が想定されており，そのうえで，SDDの対象とすることが可能な口座の要件について，次のような金融庁の考え方が示されている（ガイドラインFAQ）。

① 法人および営業性個人の口座は対象外であること

② すべての顧客に対して，具体的・客観的な根拠に基づき，商品・サービス，取引形態，国・地域，顧客属性等に対するマネロン・テロ資金供与リスクの評価結果を総合して顧客リスク評価を実施し，低リスク先顧客の中

からSDD対象顧客を選定すること

③　定期・随時に有効性が検証されている取引モニタリングを活用して，SDD対象口座の動きが把握され，不正取引等が的確に検知されていること

④　SDD対象顧客については，本人確認済みであること

⑤　SDD対象顧客は，直近1年間において，捜査機関等からの外部照会，疑わしい取引の届出および口座凍結依頼を受けた実績がないこと

⑥　SDD対象顧客についても，取引時確認等を実施し，顧客情報が更新された場合には，顧客リスク評価を見直したうえで，必要な顧客管理措置を講ずること

解説＆正解

(1)　POINTの通り，法人および営業性個人の口座はSDD対象外である。

(2)　適切な記述である。なお，SDD対象顧客でも，特定取引等にあたって顧客との接点があった場合，不芳情報を入手した場合，今までの取引履歴に照らして不自然な取引が行われた場合等には，必要に応じて積極的な対応による顧客情報の更新を実施し，顧客リスク評価の見直しを行うことが必要になることが示されている。

(3)　ガイドラインでは，「マネロン・テロ資金供与リスクが低いと判断した顧客については，当該リスクの特性を踏まえながら，当該顧客が行う取引のモニタリングに係る敷居値（閾値）を上げたり，顧客情報の調査範囲・手法・更新頻度等を異にしたりするなどのリスクに応じた簡素な顧客管理（SDD）を行うなど，円滑な取引の実行に配慮すること」とされているが，「この場合にあっても，金融機関等が我が国及び当該取引に適用される国・地域の法規制等を遵守することは，もとより当然である」と注記されており，モニタリングに係る敷居値（閾値）については法規制に従わなければならない。

正解　(2)

ガイドラインにおける「第1の防衛線」に関して，適切でない記述は次のうちどれですか。

(1) マネロン・テロ資金供与対策においては，顧客と直接対面する活動を行っている営業店や営業部門が，マネロン・テロ資金供与リスクに最初に直面し，これを防止する役割を担っている。

(2) 第1線に属する職員は，全社におけるマネロン・テロ資金供与対策の方針・手続・計画等を十分理解しておくことが必要である。

(3) 金融機関等は，第1線に属する職員がマネロン・テロ資金供与リスクの理解を促進できるよう，研修等の機会を設けて徹底を図ることが求められる。

POINT

マネロン・テロ資金供与対策としては，顧客と直接接する営業職員が，その顧客や取引について疑わしいという「気付き」を持つことが重要となる。

ガイドライン「経営管理（三つの防衛線等）」においては，第1の防衛線（第1線）は営業部門を指し，マネロン・テロ資金供与対策においても，顧客と直接対面する活動を行っている営業店や営業部門が，マネロン・テロ資金供与リスクに最初に直面し，これを防止する役割を担っているとされている。

また，第1線が実効的に機能するためには，そこに属するすべての職員が，自らが関わりを持つマネロン・テロ資金供与リスクを正しく理解したうえで，日々の業務運営を行うことが求められるとされている。

金融機関等においては，マネロン・テロ資金供与対策に係る方針・手続・計画等を整備・周知し，研修等の機会を設けて徹底を図るなど，第1線が行う業務に応じて，その業務に係るマネロン・テロ資金供与リスクの理解の促進等に必要な措置を講ずることが求められる，とされている。

解説&正解

(1) 適切な記述である。なお，ガイドラインにおいて「対応が求められる事項」として「第1線に属する全ての職員が，自らの部門・職務において必要なマネロン・テロ資金供与対策に係る方針・手続・計画等を十分理解し，リスクに見合った低減措置を的確に実施すること」とされている。

(2) 第1線について求められることは，第1線に属する全ての職員が，（全社ではなく）自らの部門・職務において必要なマネロン・テロ資金供与対策に係る方針・手続・計画等を十分理解し，リスクに見合った低減措置を的確に実施することとされている。

(3) 適切な記述である。なお，ガイドラインにおいて「対応が求められる事項」として「マネロン・テロ資金供与対策に係る方針・手続・計画等における各職員の責務等を分かりやすく明確に説明し，第1線に属する全ての職員に対し共有すること」とされている。

正解 (2)

ガイドラインにおける「リスク低減措置」に関して，適切でない記述は次のうちどれですか。

(1) 預貯金口座開設時に，リスクに応じて追加的に行うヒアリング項目をあらかじめ定めておくことはリスク低減措置に該当する。

(2) 給与振込において，従来の振込先とは異なる複数の先に送金の申込がある場合でも，リスク低減措置を検討する必要はない。

(3) 預貯金口座開設の申し出の内容を総合的に判断し，契約自由の原則に基づきそれを認めない，あるいは留保することはリスク低減措置に該当する。

POINT

　ガイドラインでは，リスク低減措置について「…特定・評価されたリスクを前提としながら，実際の顧客の属性・取引の内容等を調査し，調査の結果をリスク評価の結果と照らして，講ずべき低減措置を判断した上で，当該措置を実施する」としているところ，留意すべき事項や対応例について，ガイドラインFAQに示されている。

　そのなかでは，下記(1)～(3)の解説に示されるような留意点や着眼点が示されており，営業店窓口におけるリスク低減措置の実施において役立てることができる（ガイドラインFAQ Ⅱ－2(3)（ⅰ）【対応が求められる事項】①Q1～Q5）。

解説＆正解

(1) 適切な記述である。預貯金口座開設時の取引時確認は，適切な本人確認手続を通じてなりすましを防ぐためのリスク低減措置として有効であるとともに，その際に，顧客リスク評価を実施すること，リスクに応じて追加的に行うヒアリング項目をあらかじめ定めておくこと，厳格な取引時確認

の手続を文書化し周知徹底しておくことも取引開始時におけるリスク低減措置と考えられるとされている。

(2)　今までの総合振込，給与振込先とは異なる複数の先に送金の申込がある場合や，事業内容には関係ない海外の送金先が含まれている場合等については，リスクに応じた対応が必要であるとされている。

(3)　適切な記述である。顧客に事情等を十分に確認したうえで，例えば，合理的な説明がなく居住地と勤務先のいずれからも遠方の支店に口座の開設を要請された場合，追加的な説明を求めるとともに，必要に応じて総合的に判断し，契約自由の原則に基づき，それを認めない，あるいは留保することもリスク低減措置の1つと考えられるとされている。

正解　(2)

〔問-29〕 顧客リスク評価・継続的な顧客管理

ガイドラインにおける顧客リスク評価および継続的な顧客管理に関して，適切でない記述は次のうちどれですか。

(1) 顧客リスク評価は，すべての顧客に対して行う必要がある。

(2) 定期的な顧客情報の確認においては，郵送以外にもインターネットや電子メールを活用することができる。

(3) 取引開始時に低リスク先と評価された顧客については，継続的なリスク評価は不要である。

POINT

　ガイドラインにおける顧客リスク評価とは，商品・サービス，取引形態，国・地域，顧客属性等に対する自らのマネロン等リスクの評価結果をふまえて実施する，すべての顧客に対するリスク評価である。

　顧客リスク評価の方法としては，大きく次の2種類がある。

① 顧客類型ごとのリスク評価

　事前にリスク要因の類型化をしたうえで，顧客にリスク要因のなかで高リスク要因として整理されたものが含まれているのかなどを確認し，利用する商品・サービスや顧客属性等が共通する顧客類型への当てはめをすることにより，顧客のリスクを評価する。

② 顧客ごとのリスク評価

　リスク要因の組み合わせにおいて，スコアリングモデルを用いて，リスク要因ごとに細かく点数を付し，該当するリスク要因の点数を加除平均するなどして，顧客にリスク格付を行い，顧客のリスクを評価する。

　継続的な顧客管理とは，顧客リスク評価の結果に応じて，確認の頻度・項目・手法を変えながら，顧客に対応することである。例えば定期的な顧客情報の確認も継続的な顧客管理の1つであり，SDD対象顧客を除き，高リスク先については1年に1度，中リスク先については2年に1度，低リスク先に

ついては3年に1度といった頻度で情報更新を行うことが考えられる。

さらに，継続的な顧客管理の結果により，顧客リスク評価を見直していくことも想定されている。

解説＆正解

(1)　適切な記述である。ガイドラインにおいて，すべての顧客について顧客リスク評価を行うとともに，講ずべき低減措置を顧客リスク評価に応じて判断することが求められている。

(2)　適切な記述である。継続的な顧客管理は，すべての顧客に一律の時期・内容で調査を行う必要はなく，顧客のリスクに応じて，調査の頻度・項目・手法等を個別具体的に判断することとされており，店頭取引・インターネット取引等の顧客の各種変更手続の際に，マネロン・テロ資金供与対策に係る情報を把握することで継続的な顧客管理における顧客情報の確認とすることも考えられる。ただし，高リスク顧客においては，対面で確認することが必要な場合もあり，リスクに応じた対応が必要であることに留意すべきとされている。

(3)　顧客管理は，取引開始時のみ行えば足りるわけではなく，継続的に実施していく必要がある。取引開始時に低リスクと評価された顧客であっても，その後に状況が変化することがあるため，継続的なリスク評価が必要である。

正解　(3)

〔問－30〕取引モニタリング・取引フィルタリング

取引モニタリング・取引フィルタリングに関して，適切でない記述は次のうちどれですか。

(1) 取引モニタリングの方法には，大きく分けて「シナリオによる検知」と「マニュアルによる検知」の2種類がある。

(2) ATMでカードの出金限度額の引出しを2日以上連続で行っている顧客を抽出することは，取引モニタリングのうち「マニュアルによる検知」に該当する。

(3) 取引フィルタリングにより，取引関係者や既存顧客等について反社会的勢力や制裁対象者等のリストと照合することを通じて，リスクを低減させることができる。

POINT

　取引モニタリング・取引フィルタリングとは，取引そのものに着目し，顧客の金融機関における取引状況の分析，異常取引や制裁対象取引の検知等を通じてリスクを低減させる手法である。

　取引モニタリングとは，「シナリオによる検知」「マニュアルによる検知」など異常取引の検知，調査，判断等を通じて疑わしい取引の届出を行いつつ，当該顧客のリスク評価に反映させることをいう。

　取引フィルタリングとは，取引関係者や既存顧客等について反社会的勢力や制裁対象者等のリストとの照合を行うことなどを通じて，ハイリスク取引を未然に防止することをいう。

解説＆正解

(1) 適切な記述である。取引モニタリングとは，過去の取引パターン等と比較して異常取引の検知，調査，判断等を通じて疑わしい取引の届出につなげ，また顧客リスク評価への反映を通じてリスクを低減させる手法である。

(2) 取引モニタリングの「シナリオによる検知」と「マニュアルによる検知」の方法のうち,「シナリオによる検知」には,選択肢(2)のような金額や回数等の敷居値(閾値)を組み合わせた条件を設定する「ルールベースのシナリオ」と,顧客単位で過去の取引状況や類似顧客の取引状況に関する統計情報をもとに条件を設定する「プロファイリングベースのシナリオ」の2種類がある。

(3) 適切な記述である。取引フィルタリングは,取引前やリストの更新時等に,取引関係者や既存顧客等について反社会的勢力や制裁対象者等のリストとの照合等を通じて,反社会的勢力等による取引参加を未然に防止するリスク低減手法である。取引フィルタリングにおいては,照合のロジックの適切な設定,検知漏れの防止,リストの更新時の速やかな更新や既存顧客との差分照合の実施などが重要となる。

正解 (2)

〔問-31〕 コルレス契約

コルレス契約に関して，適切でない記述は次のうちどれですか。

(1) 海外送金等をマネロン・テロ資金供与対策におけるリスクベース・アプローチの枠組みの下で位置付け，リスクベース・アプローチにもとづく必要な措置を講ずることが求められる。

(2) 送金人や受取人が自らの直接の顧客でない場合は，制裁リスト等との照合のみで足り，リスクに応じた厳格な顧客管理を行うことまでは求められない。

(3) コルレス先が架空銀行であった場合やコルレス先がその保有する口座を架空銀行に利用されることを許容していた場合は，当該コルレス先との契約の締結・維持をしないことが求められる。

POINT

「コルレス契約」とは，外国に所在して業として為替取引を行う事業者（外国銀行等）との間で，為替取引を継続的にまたは反復して行うために締結する契約である。

コルレス契約の相手方を「コルレス先」といい，コルレス先は，一般的に，次のような関係性を含む概念として用いられる。

- Nostro account（当方勘定，ノストロ勘定。銀行間取引で外貨資金の決済を行うために，外国に現地通貨で保有する口座）を開設している先
- Vostro account（先方勘定，ボストロ勘定。銀行間取引で外貨資金の決済を行うために，相手の銀行が外国に現地通貨で保有する口座）を開設している先
- RMA（Relationship Management Application：SWIFTにおいて通信を行うために交換するApplication）を交換して相互にSWIFTネットワーク上で資金移動の指図・信用状の開設等のメッセージのやり取りを許容し合う関係を構築しているような先

　コルレス先については，所在する国・地域，顧客属性，業務内容，マネロン等リスク管理態勢，現地当局の監督のスタンス等をふまえてリスク評価を行い，その結果に基づいて定期的に監視することが求められる。

　定期的な監視の方法としては，所定の質問票を送付・回収することのほか，特にリスクが高いと判断した場合には，訪問あるいはリモートで，当該コルレス先のマネロン等リスク管理態勢についてヒアリングを実施し，業務実態の把握を進めること等が考えられる。

解説＆正解

(1)　適切な記述である。ガイドラインは，「対応が求められる事項」①として，「海外送金等をマネロン・テロ資金供与対策におけるリスクベース・アプローチの枠組みの下で位置付け，リスクベース・アプローチに基づく必要な措置を講ずること」を挙げている。

(2)　ガイドラインは，「対応が求められる事項」⑧として，「送金人及び受取人が自らの直接の顧客でない場合であっても，制裁リスト等との照合のみならず，コルレス先や委託元金融機関等と連携しながら，リスクに応じた厳格な顧客管理を行うことを必要に応じて検討すること」を挙げている。

(3)　適切な記述である。ガイドラインは，「対応が求められる事項」⑥として，「コルレス先が架空銀行であった場合又はコルレス先がその保有する口座を架空銀行に利用されることを許容していた場合，当該コルレス先との契約の締結・維持をしないこと」を挙げている。

正解　(2)

─── 〔問－32〕 海外送金を行う際の注意点 ───

海外送金を行う際の注意点に関して，適切でない記述は次のうちどれ
ですか。

(1)　顧客属性に関して，居住地や勤務先が自店から離れていないか検
　　証する。

(2)　取引形態に関して，複数の取引時確認が不要な取引に分割して
　　行っていないか検証する。

(3)　送金目的に関して，その原資が現金または取引直前の現金入金に
　　該当しないか検証する。

POINT

　海外送金は，国外のマネロン等リスクの高い法人・個人や国，地域等に直
接資金を移動させる手段であり，複数国にわたって関係当事者が存在するた
め，リスクが高い取引類型の典型と考えられる。

　第1線の担当者が，海外送金取引の受付等に際し，個々の顧客および取引
に不自然・不合理な点がないか等を検証することが重要である。

　具体的には，次のような，顧客の属性や国・地域，取引形態，送金原資，
送金目的，口座の利用形態等のカテゴリーごとの検証点が考えられる。

顧客の属性	送金依頼のあった支店が居住地や勤務先から離れていないか／本人以外が手続きをすることに合理性があるか／顧客の年齢や性別等の顧客情報と本人確認書類の記載に齟齬がないか／顧客の挙動に不審なところはないか　等
国・地域	外為法の定める経済制裁措置に係る国・地域に該当しないか／犯罪収益移転危険度調査書が定めるリスクが高い国・地域に該当しないか／FATF等が定めるリスクが高い国・地域に該当しないか／リスクが高い国・地域に第三国を経由して迂回的に送金されていないか　等
取引形態	通常想定される金額より多い送金取引に該当しないか／敷居値（閾値）以下に分割された取引に該当しないか　等
送金原資	送金原資が現金または取引直前の現金入金に該当しないか／顧客の年齢や職業・事業内容等に照らして高額な送金に該当しないか　等
送金目的	口座開設時の目的と送金依頼時の送金目的に齟齬がないか／手続きの過程で送金目的が変更されていないか　等
口座の利用形態	多数の者との間で頻繁に送金取引を行う口座に該当しないか／突如多額の入出金が行われる口座に該当しないか　等

解説＆正解

(1) 適切な記述である。顧客の属性に関する検証点として，送金依頼のあった支店が居住地や勤務先から離れていないか，本人以外が手続きすることに合理性があるか，顧客の年齢・性別等の顧客情報と本人確認書類の記載に齟齬がないか，顧客の挙動に不審なところはないか，などが挙げられる。

(2) 適切な記述である。取引形態に関する検証点として，通常想定される金額より多い送金取引に該当しないか，敷居値（閾値）以下に分割された取引に該当しないか，などが挙げられる。

(3) 設問の検証内容のカテゴリーは，送金原資に関するものである。送金目的に関しては，口座開設時の目的と送金依頼時の送金目的に齟齬がないか，手続きの過程で送金目的が変更されていないか等を検証する。

正解 (3)

〔問－33〕危険度の高い国・地域に関連する取引

危険度の高い国・地域（2023年10月時点）に関連する取引に関して，適切でない記述は次のうちどれですか。

(1) イランおよび北朝鮮は，FATFでは「特にリスクが高い国」とされているが，犯罪収益移転防止法では「犯罪による収益の移転防止に関する制度の整備が十分に行われていない国」とはされていない。

(2) 送金の依頼を受けるときは，受取人や被仕向金融機関の住所・所在地が，危険度の高い国・地域でないか注意する。

(3) 輸入取引の取引関係書類の商品名に「まつたけ」が記載されている場合は，取引内容を十分に確認するため，顧客に説明を求める。

POINT

危険度の高い国・地域については，当該国・地域が取引内容に直接含まれる場合のみならず，それらに関連する取引目的（商品名）や都市名等が含まれる場合についても慎重な対応が必要である。

イランおよび北朝鮮は，犯罪収益移転防止法において，犯罪による収益の移転防止に関する制度の整備が十分に行われていないと認められる国・地域とされ，「外国為替及び外国貿易法」（外為法）においても，個別の経済制裁措置が定められている。

なお，FATFが公表する危険度の高い国・地域は次の通りである（2023年10月時点）。

行動要請対象の高リスク国・地域（特にリスクが高い）	イラン，北朝鮮，ミャンマー
強化モニタリング対象国・地域（リスクが高い）	アルバニア，バルバドス，ブルキナファソ，ケイマン諸島，コンゴ民主共和国，ジブラルタル，ハイチ，ジャマイカ，ヨルダン，マリ，モザンビーク，ナイジェリア，パナマ，フィリピン，セネガル，南アフリカ，南スーダン，タンザニア，トルコ，ウガンダ，アラブ首長国連邦

解説＆正解

(1) イランおよび北朝鮮は，FATFで「特にリスクが高い国」とされており，犯罪収益移転防止法でもイラン・北朝鮮は「犯罪による収益の移転防止に関する制度の整備が十分に行われていない国」とされている。

(2) 適切な記述である。

(3) 適切な記述である。「外国為替及び外国貿易法（外為法）」にもとづく北朝鮮の「貿易に関する支払規制」等に該当しないことを確認するため，北朝鮮関連の取引が疑われる16品目（あさり，うに，さるとりいばらの葉，まつたけ，しじみ，ずわいがに，けがに，赤貝，えび，うにの調製品，なまこの調製品，ひらめ，かれい，たこ，はまぐり，あわび）に該当する輸入代金・仲介貿易送金等の取引や，北朝鮮の近隣に位置する中国東北三省（遼寧省，黒龍江省，吉林省）が含まれる送金取引などについては，原産国・船積地などの取引内容の確認のため，顧客に説明を求めたり，インボイス等の資料を提出してもらうなどの対応が求められる。

正解 (1)

〔問−34〕平成23年改正犯罪収益移転防止法の施行前に本人確認を行った顧客との取引

平成23年改正犯罪収益移転防止法の施行日（平成25年3月31日）前に本人確認を行った顧客等との取引に関して，適切な記述の組合せはどれですか。

> a　通常の特定取引で，過去に本人確認を行いその記録を保存している場合は，すでに本人確認を行っている顧客等であることの確認を行い，本人特定事項以外の確認事項のみを確認すればよい。
>
> b　ハイリスク取引で，過去に本人確認および取引目的等の確認を行いその記録を保存している場合は，すでに本人確認を行っている顧客等であることの確認をすればよい。
>
> c　平成23年改正犯罪収益移転防止法の施行日前に開設された口座について，通常の特定取引を行う場合は，すでに本人確認を行っている顧客等であることの確認をすればよい。

(1)　a・c

(2)　b・c

(3)　a・b・cすべて

POINT

　平成15（2003）年施行「金融機関等による顧客等の本人確認等に関する法律」（本人確認法）が平成20（2008）年に犯罪収益移転防止法へと改められた後，平成23年改正犯罪収益移転防止法により，確認事項の追加等が行われたことに伴い，改正法施行日（平成25（2013）年4月1日）以降に通常の特定取引を行う場合，施行日前に本人確認等を行った顧客との取引につき，次のような経過措置が設けられた（ハイリスク取引の場合は対象外）。

① 本人確認を行い，その記録を保存している場合

本人確認を行い，その記録を保存している場合には，すでに本人確認を行っている顧客であることの確認を行えば，本人特定事項以外の確認事項（取引を行う目的など）のみの確認を行えば足りることとされている。

② 「本人確認＋取引を行う目的等の確認」を行い，その記録を保存している場合

すべての確認事項の確認を行い，その記録を保存している場合には，「すでに取引時確認を行っている顧客との取引」と同様の取扱いとなり，すでに確認を行っている顧客であることの確認を行えば，改めて取引時確認を行うことは不要である。

③ 施行日前の継続的な契約に基づく取引を行う場合

平成25（2013）年4月1日以降に行う通常の特定取引が平成23年改正犯罪収益移転防止法の施行前に締結された継続的な契約（契約の締結に際して本人確認を行い，その記録を保存している場合に限る）に基づく取引に該当する場合には，すでに本人確認を行っていることを確認すれば，改めて取引時確認を行うことは不要である。

解説＆正解

a 適切な記述である。過去に本人確認を行い，その記録を保存している場合には，すでに本人確認を行っている顧客であることの確認を行えば，本人特定事項以外の確認事項（取引を行う目的など）のみの確認を行えばよいとされている。

b ハイリスク取引については，この経過措置は適用されず，厳格な取引時確認が必要となる。

c 適切な記述である。通常の特定取引が，平成23年改正犯罪収益移転防止法施行前に締結された預貯金契約（継続的な契約）に基づく場合には，すでに本人確認を行っていることを確認すれば，改めて取引時確認を行う必要はないとされている。

正解 (1)

〔問-35〕 在留外国人の顧客管理

外国人顧客についての留意点に関して，適切でない記述は次のうちどれですか。

(1) 在留外国人との取引を行っている金融機関は，リスクの包括的な検証の観点から，我が国と国交のある全ての国・地域のカントリーリスク評価表をあらかじめ作成しておくことが有益である。

(2) 在留外国人について，将来口座の取引の終了が見込まれる場合，当該口座が売却され金融犯罪に悪用されるリスクを特定・評価し，適切なリスク低減措置を講ずる必要がある。

(3) 特別永住者や永住者については，在留期間に基づくリスク自体はないものと考えられるので，顧客リスク評価は必要ない。

POINT

　在留期限の定めのある在留外国人の口座利用については，当該口座が売却され，金融犯罪に悪用されるケースがあり，そうしたリスクを特定・評価し，適切なリスク低減措置を講ずる必要がある。

　在留外国人の場合を含め，将来口座の取引の終了が見込まれる場合，例えば，外国人顧客について在留期間の定めのある場合，リスク低減措置として，在留期間を確認のうえ，顧客管理システム等により管理し，在留期間満了間近の顧客については，在留期間の確認を改めて行ったうえ，延長が確認された場合には再度顧客管理システムへの登録を行う一方，延長が確認できないなどリスクが高まると判断した場合には，必要に応じて帰国前に口座解約を促し，または取引制限を実施するなどのリスク低減措置を講ずることが考えられる。

解説＆正解

(1)　適切な記述である。「マネー・ローンダリング・テロ資金供与・拡散金融対策の現状と課題（2023年6月）」は，「リスクの包括的な検証の観点から，海外との取引がある顧客や在留外国人との取引を行っている金融機関は，少なくとも我が国と国交のある全ての国・地域及び北朝鮮のカントリーリスク評価表をあらかじめ作成しておくことが有益である」としている。そして，カントリーリスクの評価を判定するにあたっては，「犯罪収益移転危険度調査書，FATFのグレイリスト先や国際的なNGOが公表している汚職指数やBasel AML指数の他，米国財務省やEUの制裁対象国等の情報に金融機関の過去の疑わしい取引届出等」をふまえることが考えられるとしている。

(2)　適切な記述である。在留外国人の場合を含め，将来口座の取引の終了が見込まれる場合には，当該口座が売却され，金融犯罪に悪用されるリスクを特定・評価し，適切なリスク低減措置を講ずる必要がある（ガイドラインFAQ）。

(3)　特別永住者や永住者については，在留期間に基づくリスク自体はないものと考えられるが，他の顧客と同様に顧客リスク評価は必要になる（ガイドラインFAQ）。

正解　(3)

営業店の
実務対応

─〔問−36〕登録されている性別と来店者の性別が異なる場合─

以下の事例における営業店での対応等に関して，適切な記述は次のうちどれですか。

> 窓口に外見上は女性と思われる方が来店し，口座から 100 万円のお引き出しを希望されています。口座の名義人は男性として登録されており，提示された本人確認書類の写真も男性のように見えます。

(1) 出金口座の通帳またはキャッシュカード，届出印の提示を受けて，来店者と登録されている顧客の同一性を確認する。

(2) 登録されている性別が男性であることを伝え，本人確認書類の写真と異なって見える事情を確認する。

(3) 来店者と名義人が同一であることを確認するために，他の本人確認書類の提示を求める。

POINT

来店者の外見と，性別や年齢などの登録情報とが異なっているように見受けられる場合，仮に通帳やキャッシュカード，届出印などの提示を受けたとしても，別人である可能性も捨てきれない。このような場合には，他の情報で確認するなどにより慎重に確認する必要がある。

他方で，LGBTQなどの性的マイノリティの方が，差別的な扱いを受けることなく，ありのままに生きられる社会を作っていくことも重要である。所属する金融機関の業務においても，差別的な扱いがなされることのないよう，注意しなければならない。

外見上の性別と登録上の性別が異なって見える場合であっても，安易にこれを指摘し，取引を謝絶するなどの対応は適切とはいえない。

来店者と登録されているお客さまの同一性を確認するため，他の本人確認書類の提示を求めて生年月日や住所等を確認したり，事情に応じて改めて取引時確認を行うなどの対応をとる必要がある。

解説＆正解

(1)　来店者の外見と登録されている性別や年齢などの情報とが異なっているように見受けられる場合，通帳やキャッシュカード，届出印の提示を受けたとしても，別人である可能性が残る。このような場合，他の情報で確認するなど，慎重な確認が必要となる。

(2)　来店者と口座名義人が別人である可能性をふまえ，来店者の確認を慎重に行うことは必要であるが，本人に対して外見上の性別と登録上の性別が異なっていることを安易に指摘することは，適切な対応とはいえない。

(3)　適切な記述である。来店者と口座名義人が別人である可能性をふまえ，他の本人確認書類の提示を求めたり，改めて取引時確認を行うことは，適切な対応である。

正解　　(3)

〔問-37〕外国人技能実習生の口座開設

以下の事例における営業店での対応等に関して，適切でない記述は次のうちどれですか。

> 外国人技能実習生が通訳とともに来店し，給与受取のための口座開設を希望されています。

(1) 在留カードの提示を受け，在留資格および在留期間を確認する。

(2) 在留カードを持っていない場合は，上席者に相談し，口座開設の謝絶を検討する。

(3) 残りの在留期間が短い場合でも，在留期間を更新する予定であれば，口座を開設してもよい。

POINT

外国人技能実習生は，給与等受取のために預貯金口座の開設が必要になる反面，帰国時に不要になった口座が安易に不正売買されるなどの例が生じている。口座開設にあたって本人確認書類として提示を求める「在留カード」に記載されている「在留期間」が残りわずかであれば，預貯金口座を利用する必要性は低いと考えられるので，上席者に相談し，預貯金口座の開設を謝絶することも必要である。また，在留期間を更新する予定の場合は，在留期間更新後に再度申し込むよう依頼すべきである。

なお，給与等の受取口座を開設する場合は，勤務先に在籍していることを確認するとともに，「口座の不正売買は犯罪であること」や「帰国時に解約が必要となること」を説明することも求められる。

一方で，外国人（留学生や技能実習生等）への金融サービス提供時において，外国人であることのみをもって，合理的な理由なく取引の謝絶等が行われてはならない，との見解が示されていた（金融庁「マネー・ローンダリング及びテロ資金供与対策の現状と課題（2018年8月）」）点にも留意が必要

である。

解説＆正解

(1)　適切な記述である。外国人技能実習生の口座開設にあたっては，在留カードの提示を求め，外国人が日本に滞在できる在留期間や在留資格を確認する。

(2)　適切な記述である。在留期間が3ヵ月以内や短期滞在の在留資格者などには在留カードは発行されない。在留カードを持っていない場合は口座開設をお断りすることを検討する。

(3)　在留期間を更新する予定がある場合は，在留期間更新後に再度申込いただくように依頼する。

正解　(3)

以下の事例における営業店での対応等に関して，適切な記述は次のうちどれですか。

> 窓口に預金口座の開設を希望するお客さまが来店されました。お客さまは本人確認書類として，顔写真のない健康保険証を提示されています。

(1) 顔写真のない健康保険証のみで，来店者が本人になりすましているか否かの確認ができる。

(2) 他の本人確認書類をお持ちでないか，確認する。

(3) 補完書類として１年前の日付の所得税の納税証明書の提示を受ければ，健康保険証とあわせて取引時確認ができる。

POINT

　顔写真のない本人確認書類の提示を受けた場合，来店者が本人になりすましている否かの確認はできない。犯罪収益移転防止法上，以下の①〜③のうちいずれかの対応が必要となる(犯罪収益移転防止法施行規則６条１項１号)。

① 他の本人確認書類または現在の住所の記載がある補完書類の提示

② 他の本人確認書類または現在の住所の記載がある補完書類（写し）の送付

③ お礼状や，キャッシュカード等の取引関係文書を書留郵便等により，転送不要郵便として送付

解説＆正解

(1) 顔写真のない健康保険証や国民年金手帳などの本人確認書類の提示を受けた場合，①他の本人確認書類または現在の住所の記載がある補完書類の提示を受ける方法，②お礼状やキャッシュカード等の取引関係書類を転送

不要の書留郵便で送付する方法により，来店者のなりすましの有無を確認
することができる。

(2) 適切な記述である。顔写真のない健康保険証や国民年金手帳などの本人
確認書類とあわせ，他の本人確認書類の提示を受けることで取引時確認が
できるため，他の本人確認書類をお持ちでないか確認する。

(3) 顔写真のない健康保険証や国民年金手帳などの本人確認書類の提示を受
けた場合，現在の住居の記載がある補完書類（公共料金・国税・地方税・
社会保険料の領収書等）の提示を受けることで取引時確認ができるが，補
完書類の作成日・領収日付等は提示日前6ヵ月以内のものに限られる。

正解 (2)

営業店の実務対応

〔問－39〕 既存顧客への対応

以下の事例における営業店での対応等に関して，適切でない記述は次のうちどれですか。

> 長年取引のあるお客さまが来店され，10万円を超える現金の振込を希望されています。

(1) キャッシュカードの提示を受け，保存されている確認記録と同一のお客さまであることを確認したうえで振込処理を行う。

(2) 顔なじみのお客さまなので，確認記録が保存されていなくても，何らの書類等の提示を受けずに振込処理を行う。

(3) 金額が通常より多額であり，振込先がこれまでの取引とは関係ないと考えられる海外口座の場合には，送金にかかる事情を尋ね，取引時確認を行う。

POINT

犯罪収益移転防止法上，特定取引を行う場合は取引時確認が原則として必要となるが，すでに取引時確認済みの顧客との取引については，当該取引時確認について確認記録を作成し保存している場合は，再度の取引時確認が不要となる。ただし，以下の「取引時確認済みの確認」が必要となる（犯罪収益移転防止法4条3項，同法施行令13条，同法施行規則16条）。

① 預貯金通帳等，顧客と記録されている者とが同一であることを示す書類等の提示または送付を受ける

② 顧客しか知り得ない事項等の申告を受けることにより，顧客と記録されている者とが同一であることを確認する

③ その顧客と面識があるなど，顧客と記録されている者とが同一であることが明らかであること

さらに，その取引に関し，取引記録を作成し，取引日から7年間保存する

必要がある。

　ただし，当該特定取引が，「なりすまし取引」「取引時確認事項の偽り」等のハイリスク取引である場合や，「疑わしい取引」「同種の取引の態様と著しく異なる態様で行われる取引」に該当する場合は，取引時確認済みの確認での対応は認められない。

解説＆正解

(1)　適切な記述である。すでに取引時確認を実施したことのあるお客さまについて，通帳，キャッシュカード，届出印など，名義人本人であることを示す書類の提示を受けて同一顧客であるとして取引時確認済みの確認ができた場合は，再度の取引時確認は不要である。

(2)　顔なじみのお客さまであっても，10万円超の現金による振込等，取引時確認が必要な取引を行う際は，取引時確認済みの確認または取引時確認が必要である。また，確認記録が保存されていない場合は，取引時確認済みの確認によることはできない。

(3)　適切な記述である。取引時確認済みのお客さまとの取引であっても，当該取引がハイリスク取引に当たる場合には，厳格な取引時確認の実施が必要であるほか，顧客管理を行う上で特別の注意を要する取引（疑わしい取引，同種の取引の態様と著しく異なる態様で行われる取引）の場合には，改めて取引時確認の実施が必要となる。

正解　　(2)

営業店の実務対応

以下の事例における営業店での対応等に関して，適切でない記述は次のうちどれですか。

> A氏を名乗るお客さまが来店し，A名義の預金口座から口座残高のほぼ全額である400万円の払戻しの依頼を受けました。しかしながら，窓口担当者はA氏と面識があり，来店者がA氏になりすました別人ではないかと疑っています。

(1) Aを名乗る来店者に対しては，資金使途を尋ねるなど追加情報を把握するとともに，取引時確認済みの確認を行う。

(2) この取引は，預金契約の締結に際して行われた取引時確認に係る顧客等になりすましている疑いがある場合に該当する可能性がある。

(3) Aを名乗る来店者に対しては，通常の取引時確認に加え，追加の確認が必要となり，そのいずれかにおいて，預金契約に際して確認した書類以外の書類を少なくとも1点確認する必要がある。

POINT

犯罪収益移転防止法上のハイリスク取引に該当する場合には，厳格な取引時確認が必要となる。

ハイリスク取引とは，①他の顧客等になりすましている疑いのある取引，②他の関連する取引における取引時確認の際に確認事項を偽っていた疑いのある取引，③イラン，北朝鮮の居住者等との間の特定取引，④外国PEPs等との間の特定取引をいう。

厳格な取引時確認においては，確認すべき事項の追加や，通常の場合と異なる確認方法が必要となる。

例えば，200万円を超える財産の移転を伴うハイリスク取引においては，通常の取引における確認事項に追加して「資産及び収入の状況」を確認する

必要がある（犯罪収益移転防止法4条2項）。

　また，「本人特定事項」の確認方法を厳格に行う必要があり，通常の特定取引に際して行う確認方法に加えて，追加の本人確認書類または補完書類の提示等を受ける方法をとる必要がある。また，なりすましや偽りの疑いがある場合には，通常の確認方法または追加の確認方法において，継続的契約に際して確認した書類以外の書類を少なくとも1点確認する必要がある。

　なお，マネロン等のリスクが高いと判断した顧客については，ガイドラインに基づき厳格な顧客管理（EDD）の実施が求められる。

解説&正解

(1)　顧客になりすましの疑いがある場合は，取引時確認済みの確認によることはできない。

(2)　適切な記述である。犯罪収益移転防止法上のハイリスク取引である「当該契約の締結に際して行われた取引時確認に係る顧客等または代表者等になりすましている疑いがある場合」に該当し，厳格な取引時確認が必要となる。

(3)　適切な記述である。厳格な取引時確認においては，通常の特定取引に際して行う確認の方法に加えて，追加の本人確認書類（または補完書類）の提示等を受けることが必要となるが，それが継続的な契約に基づく取引において，なりすましまたは偽りの疑いのある場合には，通常の確認方法または追加の確認方法において継続的契約に際して確認した書類以外の書類を少なくとも1点確認することが必要である。

正解　(1)

〔問－41〕 有効期限の切れた本人確認書類

以下の事例における営業店での対応等に関して，適切でない記述は次のうちどれですか。

> 住宅ローンの借換えの相談に来店されたお客さまから，本人確認書類としてパスポートの提示を受けましたが，有効期限が1ヵ月前の日付でした。顔写真を確認すると本人のものに間違いないようです。

(1) 他の本人確認書類をお持ちでないか，確認する。

(2) 他の本人確認書類をお持ちでないときは，有効な本人確認書類を持って再来店するよう依頼する。

(3) 本人であることは間違いないので，そのまま手続きを進める。

POINT

取引時確認において提示を受ける本人確認書類のうち，有効期限のないものについては，提示等を受ける日の前6ヵ月以内に作成されたものに限られ，有効期限のあるものについては，提示等を受ける日に有効なものである必要がある（犯罪収益移転防止法施行規則7条柱書）。

有効期限の切れた本人確認書類により手続きを進めた場合は，法令違反となるため，他の有効な本人確認書類の提示が必要となる。

なお，2020年2月4日以降に申請して発行されたパスポートは住所を記載する欄がないので，その場合は，追加で住所の記載のある本人確認書類または補完書類の提示を求める必要がある。

解説＆正解

(1) 適切な記述である。

(2) 適切な記述である。

(3) 取引時確認において提示を受ける本人確認書類は，法令で有効期限内で
　　あることが必要とされている。有効期限の切れた本人確認書類で手続きを
　　進めた場合は法令違反となる。

正解 (3)

〔問-42〕法人の担当者が普段と違う場合

以下の事例における営業店での対応等に関して，適切な記述は次のうちどれですか。

> 法人取引先の担当者と名乗る方が来店し，300万円の預金払戻しを求められました。いつも来店されている方とは別の方で，金額も普段より多額です。事情を尋ねると，ふだんの担当者が体調を崩して休んでいるため代理で来たとのことです。

(1) 来店者から受け取った名刺に記載されている法人の電話番号に電話をかけ，来店者を相手に当該取引を行ってよいか確認する。

(2) 金融機関に登録されている法人の電話番号に電話をかけ，来店者を相手に当該取引を行ってよいか確認する。

(3) 来店者の社員証と本人確認書類の提示を受け，一致を確認したうえで当該取引の手続きを行う。

POINT

　株式会社等の法人取引先との取引については，来店した経理担当者等（代表者等）が，法人のために取引を行っているかどうかを確認するとともに，来店者について，本人確認書類に基づいて本人特定事項の確認が必要となる。

　法人のために取引を行っているかどうかの確認方法として，以下のものが法令上認められている。

① 法人の委任状その他の書面で確認する

② 取引担当者である役員が法人を代表する権限を有する役員として登記されていることを確認する

③ 法人へ電話をかけること等により確認する

④ 金融機関が法人と取引担当者の関係を認識している等の理由により，当該取引担当者が当該法人のために当該特定取引等の任にあたっていること

が明らかであることを確認する

　なお，名刺や社員証を提示されても，法人のために取引を行っていることの確認は認められず，委任状その他の書面にも当たらない。

解説＆正解

(1)　来店者が正当な権限者でない場合やなりすましの場合など，名刺記載の電話番号が正確でないおそれもあり，名刺に記載されている電話番号に電話をかけて確認しても，正当な権限者であることを確認したことにはならない。

(2)　適切な記述である。通常の担当者と来店者が異なっており，法人のために取引を行っていることを確認する場合は，金融機関に登録されている法人の電話番号に電話をかけ，通常来店している方の上席者等に来店者が取引に来ていることを伝えたうえで，この取引に応じてよいか確認することが必要である。

(3)　法人のために取引を行っているかの確認として，当該法人が発行する身分証明書（社員証等）は用いることができず，委任状等の取引権限を証する書類を有していること，または当該法人に対して電話などによる取引権限の有無の確認を受けることなどが必要である。

　また，登記事項証明書に役員として登記されている者でも，当該法人の代表権者として登記されていない場合は，委任状など当該法人の代理人等であることを証する書類が必要である。

正解　　(2)

以下の事例における営業店での対応等に関して，適切でない記述は次のうちどれですか。

> 夫の代理人と名乗るお客さまが，夫名義の口座を開設したいと来店されました。

(1) 名義人である夫の本人確認書類のコピーの提示を受け，名義人の氏名，住所，生年月日の確認を行う。

(2) 来店者の本人確認書類の提示を受け，来店者の氏名，住所，生年月日の確認を行う。

(3) 来店者が名義人から依頼を受けて取引を行うことを確認するために，委任状の提出を受ける。

POINT

　代理人による口座開設の場合は，来店者（代理人）および名義人（本人）について，本人確認書類による本人特定事項（氏名，住所，生年月日）等の確認を行ったうえで，来店者が名義人から依頼を受けているかどうかの確認をする必要がある。なお，来店者が名義人の本人確認書類のコピーを持参してきた場合は，コピーでは確認できない旨を説明して対応する必要がある。

　また，来店者が名義人から依頼を受けているかどうかの確認方法は，①委任状による確認，②同居の配偶者であることの住民票等による確認，③名義人に電話をかけること等による確認，のいずれかによる必要がある。

解説＆正解

(1) 来店者および名義人の本人確認書類の提示を受けることが必要であるが，対面取引においては，本人確認書類のコピーで確認することはできない。

(2) 適切な記述である。顧客である夫の本人特定事項の確認に加えて，妻が

夫のために特定取引等の任にあたっていると認められる事由の確認および妻の本人特定事項の確認が必要である。

(3)　適切な記述である。顧客本人のために特定取引の任にあたっていると認められる事由の確認は，委任状によるほか，顧客が個人の場合，顧客の同居の親族または法定代理人であること（住民票や戸籍謄本等の書類により確認したり，本人確認書類により姓や住居等が同一であることなどを確認すること）により確認する。

正解　(1)

以下の事例における営業店での対応等に関して，適切でない記述は次のうちどれですか。

> 親の代理人と名乗るお客さまが，親の入院費の支払いとして100万円の現金による振込を行いたいと来店されました。

(1) 取引時確認のため，親と来店者双方の本人確認書類の提示を受ける。

(2) 振込先が医療機関であることを確認する。

(3) 名義人である親が口座を保有しているかどうかを確認する必要はない。

POINT

　顧客の代理人と特定取引を行う場合には，顧客本人の本人特定事項の確認に加えて，代理人について，本人のために特定取引等の任にあたっていると認められる事由の確認（委任関係の確認）および代理人の本人特定事項の確認を行う必要がある。

　本人のために特定取引等の任にあたっていると認められる事由の確認については，本人が個人の場合，①本人の同居の親族または法定代理人であること（住民票や戸籍謄本等による確認，姓や住居等が同一であるかの確認，本人の住居に赴いて確認等），②本人が作成した委任状を有していること，③本人への架電その他これに類する方法による確認，④その他特定取引の任にあたっていることが明らかであること，などの確認が必要となる。

解説＆正解

(1) 適切な記述である。10万円超の現金振込は，取引時確認が必要である。

　　代理人による取引における取引時確認は，来店者および本人の本人確認書

類を確認し，それぞれの本人特定事項（氏名，住所，生年月日）を確認することが基本である。

(2)　適切な記述である。入院費の支払いであれば，振込先は医療機関であることが自然である。

(3)　名義人が残高を有する口座を保有していれば，現金振込の必要性は低いと考えられるため，取引の状況に応じて，名義人である親が口座を保有しているかどうかを確認することは有用である。

正解　(3)

以下の事例における営業店での対応等に関して、適切でない記述は次のうちどれですか。

> 1歳の息子のお年玉などを管理するために、息子名義の口座を開設したいというお客さまが、息子の健康保険証を持参して、子ども連れで来店されました。

(1) 1歳の子どもを相手に、直接取引を行うことはできない。

(2) 息子の本人確認書類のほか、親の本人確認書類の提示を求める。

(3) 住民票の写しの提示を受けなければ、親子が同居の親族であることは確認できない。

POINT

　親権者の子（未成年者）の預貯金口座の開設は、親権者が子の代理人として行う（子が意思能力を有しない場合）か、口座開設の意思能力を有する子による口座開設について親権者が同意する方法によって行う。

　1歳の子の場合は意思能力を有しないので、親権者が子の法定代理人として口座開設を行うことになる。

　親と子それぞれの本人特定事項（氏名、住所、生年月日）を本人確認書類で確認する。親子の関係性を確認するには、親が子の「同居の親族または法定代理人」に該当することを確認する必要がある。確認方法は、住民票等の記載によるほか、親子の本人確認書類の住所が同一であり、かつ姓が同一であることの確認方法等によって行う。

解説＆正解

(1) 適切な記述である。親が代理人になって口座開設取引を行うこととなる。

(2) 適切な記述である。子どもの本人確認書類および親の本人確認書類の確

認を行う。なお，健康保険証は顔写真のない本人確認書類であるため，1種類では本人確認が完了できない。あわせて，例えば母子手帳の「出生届済証明」欄を確認することが必要である。

(3) 親子が「同居の親族または法定代理人」であることの確認は，住民票等の記載によるほか，親と子の本人確認書類の住所が同一であり，かつ姓が同一であること等の確認により行うことができる。

正解 (3)

営業店の実務対応

〔問－46〕 孫名義の口座開設

以下の事例における営業店での対応等に関して，適切な記述は次のうちどれですか。

> 6歳の孫の教育費を援助するために，孫名義の口座を開設したいというお客さまが，孫を連れて来店されました。

(1) 来店者に親権がある場合は，来店者および名義人である孫の氏名，住所，生年月日を本人確認書類で確認したうえで，住民票等の写しで来店者と孫の関係性を確認する。

(2) 来店者に親権がなく，親権者が作成した委任状を持参している場合，本人特定事項の確認が必要となる対象者は来店者と孫である。

(3) 来店者と孫の双方が，祖父母と孫の関係にあることを申告した場合は，孫の本人確認書類の提示は省略できる。

POINT

　6歳の子の預貯金口座の開設は，来店者が親権者であれば法定代理人として行うことができるが，親権のない祖父母が孫の預貯金口座を開設する場合は，祖父母が孫に代わって取引をする権限を有しているかを確認する必要がある。

　祖父母と孫が同居の親族であったとしても，それだけで取引権限があるとはいえないので，親権者が祖父母に代理権限を付与する旨の委任状等によって，口座開設の権限があることを確認する必要がある。この場合には，来店した祖父母と孫（名義人）および親権者それぞれの本人特定事項（氏名，住所，生年月日）を本人確認書類で確認したうえで，親権者（親）と孫の関係性を確認する必要がある。

(1)　適切な記述である。このような場合，親権者が孫に代わって取引を行う
　　ことが通常である。親権者は，子の戸籍（全部事項証明書）によって確認
　　することができる。

(2)　来店者が，親権者が作成した委任状を持参している場合，来店者，孫，
　　親権者それぞれについて氏名，住所，生年月日を本人確認書類で確認する
　　ことが必要である。さらに親権者（親）と孫の関係性の確認も必要である。

(3)　本人の申告だけでは，本当のことを言っている確証は得られないため，
　　本人確認書類による確認が必要である。

正解　　(1)

営業店の実務対応

〔問－47〕 法人の取引時確認

以下の事例における営業店での対応等に関して，適切でない記述は次のうちどれですか。

> 取引のある法人の担当者が来店され，法人名義で50万円の現金による振込の依頼を受けました。

(1) 来店者については，来店者の本人確認書類の提示を受けて氏名，住所，生年月日を確認するだけでよい。

(2) 法人の名称，本店または主たる事業所の所在地については，登記事項証明書等の提示を受けて確認する。

(3) 法人の実質的支配者については，原則として，来店者の申告により確認すればよい。

POINT

　10万円を超える金額の現金での振込などの特定取引においては，取引時確認が必要となる。

　法人顧客との通常の特定取引においては，①法人の名称，本店または主たる事務所の所在地について登記事項証明書等の提示を受けるほか，②取引を行う目的の申告を受け，③事業の内容については定款・有価証券報告書等の書類で確認，④法人の実質的支配者について法人の代表者等から申告を受け，⑤代表者（来店者）の氏名，住居，生年月日を本人確認書類で確認し，来店者が法人顧客のために取引を行っていること（取引権限）を確認しなければならない。

　来店者の取引権限の確認方法としては，以下のものが法令上認められている。

① 法人の委任状その他の書面で確認する

② 取引担当者である役員が法人を代表する権限を有する役員として登記さ

れていることを確認する

③　法人へ電話をかけること等により確認する

④　金融機関が法人と取引担当者の関係を認識している等の理由により，当該取引担当者が当該法人のために当該特定取引等の任にあたっていることが明らかであることを確認する

　なお，ハイリスク取引における実質的支配者の確認は，通常の取引時確認の場合より厳格な確認方法として，法人の代表者等から申告を受ける方法に追加して，①資本多数決法人の場合は，株主名簿，有価証券報告書その他これらに類する当該法人の議決権の保有状況を示す書類，②資本多数決法人以外の法人の場合は，登記事項証明書，官公庁から発行され，または発給された書類その他これに類するもので，当該法人を代表する権限を有している者を証するもの，またはこれらの書類の写しを確認することが求められる。

解説＆正解

(1)　来店者については，来店者の本人確認書類の提示を受けて氏名，住所，生年月日を確認するだけでなく，委任状の確認や法人へ電話をかけること等により，来店者が法人のために取引を行っていることを確認しなければならない。

(2)　適切な記述である。法人の本人特定事項を登記事項証明書等によって確認する。

(3)　適切な記述である。通常の取引時確認においては，実質的支配者の確認は代表者の申告による。ただし，ハイリスク取引の場合は，株主名簿や有価証券報告書等の法人の議決権の保有状況を示す書類等を確認し，かつ代表者の申告による方法とされている。

正解　(1)

〔問-48〕 不稼働口座への急な入金

以下の事例における営業店での対応等に関して，適切な記述の組合せはどれですか。

> 250万円の入金を依頼してきたお客さまの口座情報を確認すると，ここ数年間にわたり，取引の履歴がありません。どうして急に入金することになったのか理由をお尋ねしても，はっきりとは答えてもらえません。

> a 取引を進めるためには，数年間取引がなかったことや，急に高額の入金を行う理由や原資の確認が必要なことを説明する。
> b 現住所や勤務先などの聞き取りを行い，登録されている本人確認情報と相違がある場合には，なりすましや本人特定事項を偽っていたことが疑われる。
> c お客さまが取引時確認を拒んだ場合でも，金融機関が入金を謝絶することはできない。

(1) bのみ

(2) a・b

(3) a・b・cすべて

POINT

　「顧客管理を行う上で特別の注意を要する取引」とは，①疑わしい取引，および②同種の取引の態様と著しく異なる態様で行われる取引のことをいい（犯罪収益移転防止法施行令7条1項，同法施行規則5条），取引時確認が義務付けられている。

　また，金融庁の疑わしい取引の参考事例のうち「口座の利用形態に着目した事例」として「通常は資金の動きがないにもかかわらず，突如多額の入出

金が行われる口座に係る取引」が挙げられているが，本事例は，形式的にこれに該当し，入金の目的等について合理的な説明がないので「疑わしい取引」に該当するものと考えられる。

したがって，顧客に対しては，入金の目的等についての合理的な説明を求める必要がある。また，取引時確認に応じてもらう必要があり，それまでの間は入金等の取引を謝絶するとともに，疑わしい取引の届出を検討する必要がある。

営業店の実務対応

解説＆正解

a　適切な記述である。数年間にわたり口座の利用がなかったのに高額の入金があった事情や入金原資などを確認するとともに，取引時確認が必要となることを説明する。

b　適切な記述である。お客さまの住所，氏名，生年月日や勤務先などの聞き取りを行い，登録されている本人確認情報と相違している点がないか確認する。登録情報と相違している点があれば，さらにその理由を聞くなど，なりすましや本人特定事項を偽った取引であることも念頭に対応する。

c　顧客が取引時確認に応じない場合，金融機関は，当該顧客が取引時確認に応じるまでの間，犯罪収益移転防止法に基づいて特定取引の義務の履行を拒むことができるとされている。事例のような場合，上席者と相談したうえで，取引の謝絶や疑わしい取引の届出を検討することも考えられる。

正解　(2)

〔問-49〕 目的外の頻繁な入出金がある口座

以下の事例における営業店での対応等に関して，適切でない記述は次のうちどれですか。

> 来店して出金依頼されたお客さまの口座情報を確認したところ，給与口座として開設されたにもかかわらず，毎月の給与が入金された記録がありません。その代わりに数万円単位の入金が複数口座から頻繁に行われており，毎月，残高に近い金額が引き出されていました。

(1) 給与口座として開設された口座なのに，毎月の給与が入金されていないのは，口座の利用の仕方として不自然である。

(2) 複数口座からの頻繁な入金は，アパートのオーナーやインターネットオークション利用者の口座にみられる動きであるので，特に問題はない。

(3) 直近に入金された合計金額と近い金額の出金依頼は，不正送金や犯罪等に用いられた資金の移転が疑われる。

POINT

「顧客管理を行う上で特別の注意を要する取引」とは，①疑わしい取引，および②同種の取引の態様と著しく異なる態様で行われる取引のことをいい，取引時確認が義務付けられている。

また，金融庁の疑わしい取引の参考事例のうち「口座の利用形態に着目した事例」として「口座開設時に確認した取引を行う目的，職業又は事業の内容等に照らし，不自然な態様・頻度で行われる取引」や「多数の者から頻繁に送金を受ける口座に係る取引。特に，送金を受けた直後に当該口座から多額の送金又は出金を行う場合」が挙げられているが，本事例は，これら参考事例に該当すると判断される。

したがって，顧客に対しては，口座開設時の給与口座目的とは異なる取引状況となっていることや，多数の者から頻繁に送金を受けていることなどについて，合理的な説明を求める必要がある。また，取引時確認に応じてもらう必要があり，それまでの間は入出金等の取引を謝絶するとともに，疑わしい取引の届出を検討する必要がある。

解説＆正解

(1) 適切な記述である。給与口座として開設された口座なのに，毎月の給与が入金されておらず，代わりに数万円単位の入金が複数口座から頻繁に行われているのは，口座の利用の仕方として不自然である。

(2) 複数口座から頻繁に入金があるのは，アパートのオーナーやインターネットオークション利用者の口座にみられる動きである一方，特殊詐欺やヤミ金融等に利用されている疑いがある口座の特徴でもあるため，不自然な取引であるといえ，理由を確認することが必要である。

(3) 適切な記述である。特定の支払いに必要な金額ではなく，直近に入金された合計金額と近い金額を出金依頼する場合は，不正送金や犯罪等に用いられた資金の移転が疑われる。

正解 (2)

〔問－50〕顧客の遠方の店舗での高額入金

以下の事例における営業店での対応等に関して，適切でない記述は次のうちどれですか。

> 　平日の昼間，車で1時間ほどかかる隣町支店の口座をお持ちのお客さまが来店し，現金500万円の入金依頼をされました。口座情報を確認すると生活口座として開設された口座であり，職業も会社員と登録されています。

(1)　口座を開設している支店から遠く離れた別の支店での入金について，仕事の移動中に立ち寄ったという説明を受ければ，取引時確認は要しない。

(2)　会社員が平日の昼間に，高額な金額を現金で持ち込んで入金依頼する点で，顧客になりすました者が取引を行おうとしている可能性を考慮する必要がある。

(3)　来店者が口座名義人本人であることを確認するために，本人確認書類の提示を求め，口座開設時の情報をもとに，来店者と口座名義人が同一であることを確認する。

POINT

「顧客管理を行う上で特別の注意を要する取引」とは，①疑わしい取引，および②同種の取引の態様と著しく異なる態様で行われる取引のことをいい，取引時確認が義務付けられている。

また，金融庁の疑わしい取引の参考事例のうち「口座の利用形態に着目した事例」として「口座開設時に確認した取引を行う目的，職業又は事業の内容等に照らし，不自然な態様・頻度で行われる取引」が挙げられているが，本事例は，生活口座として開設された口座に遠方の店舗で多額の入金を行っていることから，これに該当すると判断される。

したがって，顧客に対しては，口座開設時の生活目的とは異なる多額の入金であり，かつ遠方の店舗での取引となっていることなどについて，合理的な説明を求める必要がある。また，取引時確認に応じてもらう必要があり，それまでの間は入出金等の取引を謝絶するとともに，疑わしい取引の届出を検討する必要がある。

解説＆正解

(1) 口座を開設している支店ではなく，車で1時間かかる別の支店で入金する理由を確認することとあわせ，200万円を超える現金の入出金であるため，取引時確認または取引時確認済みの確認が必要である。

(2) 適切な記述である。会社員が平日の昼間に500万円という高額な現金を持参し，入金依頼をする場合，顧客本人になりすました者などが取引を行おうとしている可能性を考慮し，取引時確認を注意して行うとともに，500万円の原資や取引の経緯，収入の状況等を確認し，合理的な理由があるかを検討する必要がある。

(3) 適切な記述である。なりすまし等でないことを確認するために，来店者が口座名義人本人であることを確認するための本人確認書類の提示を求め，口座開設時の情報をもとに，来店者と口座名義人が同一であることを確認することが必要である。

正解 (1)

〔問-51〕 多額の入出金を繰り返す口座

以下の事例における営業店での対応等に関して，適切な記述の組合せはどれですか。

190万円の入金を依頼してきたお客さまの口座の取引履歴を確認すると，直近の数ヵ月間に，複数の送金元から百数十万円の入金があり，その都度出金が行われていました。しかしながら，それ以前は口座に全く動きがありませんでした。

a　直近数ヵ月間に繰り返し百数十万円単位の高額の入出金を行っている理由を尋ねる。

b　不自然な口座取引であるため，疑わしい取引の届出を行うことを伝えて，取引を謝絶する。

c　入出金の状況を確認するとともに，入金する190万円の原資を尋ねる。

(1)　a・b

(2)　a・c

(3)　b・c

POINT

「顧客管理を行う上で特別の注意を要する取引」とは，①疑わしい取引，および②同種の取引の態様と著しく異なる態様で行われる取引のことをいい，取引時確認が義務付けられている。

また，金融庁の疑わしい取引の参考事例のうち「口座の利用形態に着目した事例」として「多数の者から頻繁に送金を受ける口座に係る取引。特に，送金を受けた直後に当該口座から多額の送金又は出金を行う場合」や「通常は資金の動きがないにもかかわらず，突如多額の入出金が行われる口座に係る

取引」が挙げられているが，本事例は，直近の数ヵ月間に，複数の送金元から百数十万円の入金があり，その都度出金が行われていたとのことであり，さらに，それ以前は口座に全く動きがなかったのであるから，これに該当すると判断される。

したがって，顧客に対しては，これらの点につき合理的な説明を求め，取引時確認を行う必要がある。また，説明や確認の内容によっては疑わしい取引の届出を検討する必要がある。ただし，金融機関は，疑わしい取引の届出を行おうとすることまたは行ったことを当該届出に係る顧客またはその者の関係者に漏らしてはならないとされている。

解説＆正解

a　適切な記述である。それ以前は口座に全く動きがなかったのに，直近の数ヵ月で百数十万円の入出金が繰り返されているのは，顧客に何らかの事情の変化があった可能性があるため，直近数ヵ月間に繰り返し百数十万円単位の高額の入出金が行われている理由や目的を確認することは適切である。

b　「多数の者から頻繁に送金を受ける口座に係る取引。特に，送金を受けた直後に当該口座から多額の送金又は出金を行う場合」は，疑わしい参考事例に掲載されており，疑わしい取引の届出の検討も求められるが，犯罪収益移転防止法上，疑わしい取引の届出を行おうとすることまたは行ったことを当該届出に係る顧客またはその者の関係者に漏らしてはならないとされているため，適切な対応ではない。

c　適切な記述である。高額の入金があった直後に同じような金額の出金があるのは，特殊詐欺や不正送金等の犯罪に利用されている口座であることが疑われる。お客さまに対して190万円の原資を尋ね，不自然でないかを確認することは適切である。

正解　(2)

〔問-52〕既に口座を保有している顧客の口座開設

以下の事例における営業店での対応に関して，適切でない記述は次のうちどれですか。

> 来店して口座開設の依頼をされたお客さまの情報を調べてみると，隣町の支店でも生活口座を保有していることがわかりました。口座開設の目的を尋ねると，当店の近隣に住む友人と運営しているサッカーサークルの運営のための資金を生活口座と分けるためだとおっしゃっています。

(1) サッカーサークルの運営状況や規模，参加者などの詳細について尋ねる。

(2) 目的等によっては生活口座を保有している隣町の支店でも口座を開設できることを案内するとともに，なぜ当店で口座開設をするのかを確認する。

(3) サッカーサークル名義での口座開設はできないので，サッカーサークルの詳細を慎重に確認して，当店近隣の友人名義での口座開設を検討してもらう。

POINT

　取引時確認の際には，取引目的を確認しなければならない（犯罪収益移転防止法4条1項2号）。個人との預貯金契約の締結に際しての取引目的の確認の類型としては，①生計費決済，②事業費決済，③給与受取／年金受取，④貯蓄／資産運用，⑤融資，⑥外国為替取引，⑦その他，が例示されており，法人との預貯金契約締結の場合の類型としては，①事業費決済，②貯蓄／資産運用，③融資，④外国為替取引，⑤その他，が例示されている（金融庁「犯罪収益移転防止法の留意事項について」）。

　取引目的の確認方法は，通常取引，ハイリスク取引のいずれであっても，

顧客または代表者等から申告を受ける方法とされている（犯罪収益移転防止法施行規則9条）。これは，取引目的に関する情報は顧客等の主観に関する事情であり，客観的な資料によって真偽を確認することが困難であるためである。申告を受ける方法については，口頭，書面提出，メール，ファクシミリ，チェックリストのチェックを受ける方法等が認められる。

　なお，口座開設の目的について，顧客の説明が曖昧であったり，合理的でないなど顧客の依頼について疑念が払拭できない場合は，口座開設の謝絶も検討すべきである。

解説＆正解

(1) 適切な記述である。まず，サッカーサークルはどのような人たちが集まり，どこでどのような活動をしているのか確認することが必要である。

(2) 適切な記述である。顧客が申告する理由が真実ならば，目的等によってはすでに生活口座を持っている隣町の支店でもう一つ口座を開設できることを案内し，それでもこの支店で口座開設を希望するのであれば，その理由を確認することが必要である。

(3) サッカーサークルの規模や規約，名簿等の整備等の状況によっては，個人の名義ではなく任意団体としてのサークル名義で口座開設することもできる。

正解　(3)

〔問－53〕 自宅以外へのキャッシュカード送付依頼

以下の事例における営業店での対応等に関して，適切でない記述は次のうちどれですか。

> 口座開設の依頼を受けて手続きを進めていたところ，キャッシュカードの送付先について，お客さまから「いつも自宅に帰る時間が遅いので，登録の住所ではなく私が社長を務める会社に送付してほしい」と依頼されました。

(1) いつも自宅に帰る時間が遅くキャッシュカードが転送不要扱いの簡易書留で自宅に送付されてもスムーズに受け取ることは難しいという理由は，自宅以外への送付を希望する合理的な理由であるといえる。

(2) お客さまが社長を務める会社について，金融機関の職員が現地に赴いて確認してもよいかを尋ねる。

(3) キャッシュカードを顧客の自宅に送付するのは，顧客が登録した住所に所在しているか確認するために必要な手続きであるため，自宅以外に送付することはできないことを説明する。

POINT

個人の口座開設時の取引時確認において，キャッシュカードを顧客の届出住所に簡易書留（転送不要扱い）で送付する目的は，顧客が届出住所に所在していることを確認するとともに，第三者が受け取って不正利用されることを防止することにある。

したがって，届出住所以外に送付するよう依頼された場合は，その理由に合理性はあるか説明を求める必要がある。また，来店者が本人になりすましていないか，口座開設の理由や目的に不自然さはないか確認する必要がある。

説明内容に合理性がなく，口座開設の目的等についても不自然な点がある

場合は，「疑わしい取引」に該当しないか，口座開設を謝絶すべきかなどについても検討すべきことになる。

(1)　自宅に帰る時間が遅い場合，キャッシュカードをスムーズに受け取ることは難しいが，配達できなかったキャッシュカードは郵便局で一定期間保管されており，時間外でも郵便局の窓口で受け取れることや，休日などに再配達してもらうことも可能であるため，合理的な理由であるとはいえない。

(2)　適切な記述である。お客さまが社長を務める会社がどのような事業を行う会社で，従業員が何名いるかなど，詳細を尋ね，職員が現地に赴いて確認してもよいかについても尋ねることで不正の目的でないか判断する。

(3)　適切な記述である。キャッシュカードを顧客の自宅に送付するのは，顧客が登録した住所に所在していることを確認するととともに，第三者が受け取って不正利用することを防止するために大切な手続きである。

正解　(1)

109

〔問−54〕反社データベースに登録履歴のある人物の口座開設

以下の事例における営業店での対応等に関して，適切でない記述は次のうちどれですか。

> 口座開設の依頼を受けて手続きを進めていたところ，そのお客さまが反社会的勢力のデータベースへの登録の履歴がありました。ご本人は5年以上前にそうした活動から離脱したと話しています。

(1) 現在の職業や勤務先を尋ね，勤務先に連絡して在籍を確認してもよいか尋ねる。

(2) 聞き取りの状況によっては，警察の組織犯罪対策担当部署や都道府県の暴力追放運動推進センターに照会してもらい，本当に反社会的勢力から離脱しているかを確認する。

(3) 反社会的勢力データベース該当者の口座開設は，離脱者の支援につながることはないため，データベースと一致した場合は一律に取引を謝絶する。

POINT

　反社会的勢力の排除は，社会の秩序・安全確保のうえで重要な課題であり，関係遮断のための取組み推進は，企業の社会的責任の観点から必要かつ重要なことである。特に，公共性を有し，経済的に重要な機能を営む金融機関は，金融機関自身・役職員・顧客等様々なステークホルダーの被害防止のため，反社会的勢力を金融取引から排除していくことが求められる。

　金融機関が，公共の信頼を維持し，業務の適切性・健全性を確保するためには，反社会的勢力に屈することなく法令等に則して対応することが不可欠であり，「企業が反社会的勢力による被害を防止するための指針について」（平成19年6月19日犯罪対策閣僚会議幹事会申合せ）の趣旨を踏まえ，平

素より，反社会的勢力との関係遮断に向けた態勢整備に取り組む必要がある。近時，反社会的勢力の資金獲得活動が巧妙化し，関係企業を使い通常の経済取引を装って取引関係を構築，トラブルとなる事例も見られる，とされている（中小・地域金融機関向けの総合的な監督指針「反社会的勢力による被害の防止」Ⅱ－3－1－4－1）。

ただし，過去，反社会的勢力に該当する人物であったが，反社会的勢力から離脱して5年以上経過しており，かつ反社会的勢力とは何ら関係を持つことがなく社会更生を果たしている場合は，反社会的勢力に該当しない人物として対応することも可能である。こうした人物による口座開設の申出があった場合は，口座開設の目的等に不自然さはないかを確認するとともに，勤務先への在籍を確認するほか，反社会的勢力に該当しないことについて，警察や暴力追放運動推進センターに照会して確認する必要がある。

解説＆正解

(1) 適切な記述である。お客さまに現在の住所や職業，勤務先などを確認するとともに，職員が赴いて所在を確認したり，勤務先に連絡して在籍を確認してもよいか尋ね，お客さまの回答内容が合理的でなかったり，回答する際の態度に不自然な点がないか確認する。

(2) 適切な記述である。判断がつかない場合は上席者に相談し，本部経由等で警察の組織犯罪対策担当部署や都道府県の暴力追放運動推進センターに照会するなどの対応を行う。

(3) 取引フィルタリングにより反社会的勢力に属する者と合致した場合，基本的には取引謝絶の方針となるが，真の離脱者が口座開設を行えないことは社会復帰の妨げともなる。警察庁等による口座開設支援の動きや，離脱者を雇用して更生支援を行う企業などもあり，ヒアリングの状況や照会結果，金融機関としての対応方針などをふまえた慎重な対応が求められる。

正解 (3)

〔問－55〕代理人による取引依頼

以下の事例における営業店での対応等に関して，適切でない記述は次のうちどれですか。

> あるお客さま（A）の委任状を持ったお客さま（B）が来店し，Aの預金口座から150万円を引き出し，そのお金をさらに別のお客さま（C）の口座にB名義で入金するよう依頼されました。

(1) 口座の名義人Aと来店者Bの両者について本人特定事項の確認をする。

(2) 来店者Bの説明が不合理と思われる場合，口座の名義人Aに無断で不正な取引をしようとしていることが疑われる。

(3) Cに連絡して，本当に来店者Bから入金予定があるかどうかを尋ねる。

POINT

特定事業者の特定業務のうち，「一定の対象取引に該当する取引」には当たらないものの，「顧客管理を行う上で特別の注意を要する取引に該当する取引」は，特定取引として取引時確認の対象となる。

例えば，200万円を超えない預金の払戻しのように，対象取引には該当しない類型であっても，顧客管理を行う上で特別の注意を要する取引に該当する場合は，取引時確認が必要となる。

顧客管理を行う上で特別の注意を要する取引とは，①疑わしい取引，および②同種の取引の態様と著しく異なる態様で行われる取引をいう。このうち，②の取引は，「疑わしい取引」に直ちに該当するとはいえないものの，業界における一般的な知識，経験，商慣行等に照らして，これらから著しく乖離している取引等，その取引の態様等から類型的に疑わしい取引に該当する可能性があるものをいう。

また，顧客本人の代理人と特定取引を行う場合には，本人の本人特定事項の確認に加えて，代理人について，本人のために特定取引等の任にあたっていると認められる事由の確認（委任関係の確認）および代理人の本人特定事項の確認を行う必要がある。

本人のために特定取引等の任にあたっていると認められる事由の確認については，本人が個人の場合，①本人の同居の親族または法定代理人であること（住民票や戸籍謄本等による確認，姓や住居等が同一であるかの確認，本人の住居に赴いて確認等），②本人が作成した委任状を有していること，③本人への架電その他これに類する方法による確認，④その他特定取引の任にあたっていることが明らかであること，などの確認が必要となる。

解説＆正解

(1) 適切な記述である。このような場合は，顧客管理を行う上で特別の注意を要する取引に該当するものと考えられるので，取引時確認が必要となる。したがって，AとBの両者について本人特定事項の確認を行うとともに，Bが持参した委任状の内容やAとの関係性，取引の経緯などを尋ね，不自然な点がないか確認する。

(2) 適切な記述である。Bの説明が不合理と思われるような内容であれば，Aに無断で不正な取引をしようとしていたり，Aに代わって不正の目的で資金を移転しようとしていることが疑われる。

(3) このような場合は，Aに連絡して，手続きしようとしている取引を本当にBに任せたのかを尋ね，Bの説明と合致しているか，不自然な点がないか確認する。

正解 （3）

以下の事例における営業店での対応等に関して，適切でない記述は次のうちどれですか。

> 外国人労働者が在留中の給与受取のために開設した口座に，頻繁な数万円単位の入金と入金直後の出金の記録が見つかりました。さらに調べると，半年前から，その外国人労働者の勤務先からの給与の入金はないようです。

(1) 外国人労働者の勤務先に連絡し，人事・給与の担当者に，本人が現在も在籍しているか確認する。

(2) 外国人労働者が利用している口座について，不正な利用が行われていないかを調査する必要性は乏しいといえる。

(3) 外国人労働者がすでに帰国し勤務先に在籍していないことが判明した場合，勤務先の協力を得て，口座を解約してもらうことや疑わしい取引の届出を検討する。

POINT

　外国人労働者は，給与等の受取のために預貯金口座の開設が必要になる反面，帰国時に不要になった口座が安易に不正売買されるなどの例が生じている。

　また，金融庁の疑わしい取引の参考事例のうち「口座の利用形態に着目した事例」として「多数の者から頻繁に送金を受ける口座に係る取引。特に，送金を受けた直後に当該口座から多額の送金又は出金を行う場合」が挙げられているが，本事例は，半年前から給与の入金はなく，頻繁な数万円単位の入金と入金直後の出金の記録が見つかったとのことであり，これに該当すると判断される。

　したがって，勤務先に連絡し，人事担当者・経理担当者に，本人が現在も

在籍しているかや，半年以上給与が支払われていない理由などを確認する必要がある。本人が帰国し勤務先に在籍していないことが判明した場合は，口座の不正売買による不正利用が強く疑われるため，口座の解約等の検討や，疑わしい取引の届出を検討する必要がある。

解説＆正解

(1)　適切な記述である。頻繁な数万円単位の入金とその直後の出金という記録は，特殊詐欺等に利用される口座にみられる記録と同じ特徴であり，不審な取引であるといえる。近時，留学生や短期就労の外国人などが，帰国時にそれまで使用していた口座を不正に売却し，特殊詐欺等の犯罪に悪用される事例が問題となっている。そのため，外国人労働者の勤務先に連絡し，人事担当者・経理担当者に，本人が現在も在籍しているかや，半年以上給与が支払われていない理由などを確認することが必要である。

(2)　6ヵ月間も給与の入金がないことなどから，口座が不正に売却等され悪用されていることが強く疑われ，本人がその口座を利用することは考えにくく，届出連絡先に連絡してもつながらないことも考えられるが，その場合は，本人ではなく，勤務先に連絡して解約等を検討する。

(3)　適切な記述である。すでに帰国し勤務先に在籍していない者の口座は，不正に売却され悪用されていることが強く疑われ，本人がその口座を利用することは考えにくく，上席者に相談のうえ，これ以上その口座で不審な取引が行われないよう，勤務先の協力を得て，口座を解約してもらうことや疑わしい取引の届出を検討する。

正解　(2)

─〔問−57〕現金出金直後の送金依頼 ─────

以下の事例における営業店での対応等に関して，適切でない記述は次のうちどれですか。

> お客さまが来店し，自身の個人事業の屋号名義口座から 100 万円を払い戻し，その 100 万円を，お客さま個人を送金依頼人として，他店の口座へ送金することを依頼されました。

(1) 現金を払い戻さなくても，口座から振込送金できることを説明する。

(2) 個人名義で振込をする必要性の説明を受ければ，いったん現金を払い戻すことは不自然ではない。

(3) 100 万円の原資など送金の経緯を確認し，取引時確認を行う。それでも疑念が残る場合は，疑わしい取引の届出や取引の謝絶も検討する。

POINT

「顧客管理を行う上で特別の注意を要する取引」とは，①疑わしい取引，および②同種の取引の態様と著しく異なる態様で行われる取引のことをいい，取引時確認が義務付けられている。

また，金融庁の疑わしい取引の参考事例のうち「口座の利用形態に着目した事例」として「口座から現金で払戻しをし，直後に払い戻した現金を送金する取引（伝票の処理上現金扱いとする場合も含む。）。特に，払い戻した口座の名義と異なる名義を送金依頼人として送金を行う場合」が挙げられている。本事例は，これに該当すると判断されるが，口座からの振込により，不正な資金の移転の記録が残ることを避けていることも考えられる。個人名義で振り込むために現金を払い戻す理由について合理的な説明が求められるが，不自然さを払拭できない限り「疑わしい取引」の届出も検討すべきことにな

る。

　また，取引時確認に応じてもらう必要があり，それまでの間は振込等の取引を謝絶する必要がある。

解説＆正解

(1)　適切な記述である。自らの口座から振込送金を行うことが自然であり，振込人名は振込時に変更ができることが一般的である。口座から振込送金できることをご案内する。

(2)　個人名義で振り込むために現金を払い戻すことは不自然であり，口座からの振込にすることで，不正な資金の移転の記録が残ることを避けていることも考えられる。疑わしい取引の参考事例には，「口座から現金で払戻しをし，直後に払い戻した現金を送金する取引（伝票の処理上現金扱いとする場合も含む。）。特に，払い戻した口座の名義と異なる名義を送金依頼人として送金を行う場合」が挙げられている。

(3)　適切な記述である。100万円の振込送金は取引時確認が必要である。いったん現金にすることにこだわる点は不自然であり，その原資や送金目的などを確認し，取引時確認を行い，疑念が残る場合には，上席者にも相談のうえ，さらなる対応を検討する。

正解　(2)

〔問－58〕外国人顧客からの送金依頼

以下の事例における営業店での対応等に関して，適切な記述の組合せはどれですか。

　外国人の男性のお客さまが来店し，口座からの振込で別口座への送金を依頼されました。送金元の口座について確認すると，送金を依頼しているお客さまは男性であるのに，女性名義で開設された口座でした。

---

　a　外国人のお客さまの名前は性別を区別することが難しいため，口座開設時に登録した性別が誤っている可能性を考慮する。
　b　来店者と口座の名義人の性別が異なる場合，名義人とは別人が取引を依頼している可能性を考慮する。
　c　来店者が名義人と同一で，性的マイノリティに属されている可能性を考慮する。

---

(1)　cのみ

(2)　a・c

(3)　a・b・cすべて

POINT

　外見と登録されている性別や年齢などの情報とが異なっているように見受けられる場合には，仮に通帳やキャッシュカード，届出印などの提示を受けていたとしても，別人である可能性も捨てきれない。このような場合には，取引の態様に応じて，様々な可能性を検討し，他の情報から確認するなど慎重な対応が求められる。

　他方で，LGBTQといった性的マイノリティの方であっても，差別的な扱いを受けることなく，ありのままに生きられる社会を作っていくことも重要

である。所属する金融機関の業務においても，差別的な扱いがされることのないよう，注意しなければならない。

　外見上の性別と登録上の性別が異なっている場合であっても，安易にこれを指摘し，取引を謝絶するなどの対応は適切とはいえない。

　来店者と登録されているお客様の同一性を確認するため，他の本人確認書類の提示を求めて生年月日や住所等を確認したり，取引の態様に応じて改めて取引時確認を行うなどの対応が求められる。

解説＆正解

a　適切な記述である。なお，来店者と口座の名義人の性別が異なる場合，別人が取引を依頼している可能性も検討する。

b　適切な記述である。なお，名義人とは別人が取引を依頼していることが判明した場合は，本人との関係や取引を任されているのかなどについて確認し，振込の依頼が合理的であるかを検討する。

c　適切な記述である。様々な可能性にも配慮しつつ，顧客の本人確認と取引の合理性の確認を行う。

正解　（3）

〔問-59〕 高額な海外送金依頼

以下の事例における営業店での対応等に関して，適切でない記述は次のうちどれですか。

> 法人のお客さまから，機械設備の購入代金の支払いとして，自社の口座から海外事業者が有する海外の金融機関口座に，1,000万円の送金を依頼されました。

(1) この送金が資産凍結等の経済制裁の対象者との間でのものでないことを確認しなければならない。

(2) このお客さまが海外送金を伴う事業を行っていることが確認できれば，口座開設後の期間やメイン先であるかどうかは考慮する必要はない。

(3) お客さまの送金内容が，北朝鮮やイラン等に対する経済制裁措置に該当していないかを確認しなければならない。

POINT

　海外送金にあたっては，顧客の支払等が規制対象のものではないことを確認するため，送金人に関する情報（本人特定事項等，実質的支配者の情報等），受取人に関する情報（氏名・名称，住所・所在地，実質的支配者の情報等），仕向国・相手方金融機関に関する情報，送金または電子決済手段等の移転の目的，輸入または仲介貿易貨物の情報（商品名，原産地，船積地域）等についての情報を把握する必要がある（財務省「外国為替取引等取扱業者のための外為法令等の遵守に関するガイドライン」）。

　送金情報の真偽に疑いがある場合や，経済制裁に抵触するリスクが高い場合など慎重な確認が必要な場合は，送金の理由となる資料の提示等を求めることになる。

　金融機関で保管している経済制裁対象者リストとの類似性が認められる場

合には，経済制裁の対象ではないことが確認できるまでは海外送金を実施することはできない。

　また，輸入代金送金を行う際には，貿易に関する支払規制に関連する単語（商品名，国・地域・都市名，銀行名・SWIFTコード等）を適切に登録し，該当する単語が検出された送金については，慎重な確認を行う必要がある。

　なお，顧客の説明や資料提出に不自然・不合理な点があり，これが解消されない場合には，取引の謝絶や疑わしい取引の届出等，適切に対応する必要がある。

解説＆正解

(1)　適切な記述である。送金情報をお客さまからの申告および書面で把握し，経済制裁対象者との間の支払いでないことを経済制裁対象者リストと照合する。

(2)　お客さまの顧客属性の確認として，事業内容のほか，同様の取引がこれまでにあったかどうかや，口座開設後の期間（新規先や口座開設直後ではないか），またメイン先でない場合には自金融機関で送金を行うことの合理性などの事情についても検証が必要である。

(3)　適切な記述である。お客さまの送金目的が北朝鮮やイラン等に対する経済制裁措置（貿易に関する支払規制，資金使途規制）に抵触していないかを外国送金依頼書兼告知書等の情報把握により確認することも必要である。

正解　(2)

以下の事例における営業店での対応に関して，適切でない記述は次の
うちどれですか。

> 会社員のお客さまから，住宅建築費用として口座から4,000万
> 円を出金し，そのうちの1,500万円を国内の住宅会社の口座に振
> り込みたいと依頼がありました。もともとお客さまの口座に入っ
> ていたお金の原資は，知人からの借入金とのことです。

(1) お客さまと住宅会社の間の建築工事請負契約書の提出を求め，支
払金額について確認する。

(2) お客さまと知人の金銭消費貸借契約書の提出を求め，借入金額や
金利，返済時期等の契約内容を確認する。

(3) 住宅建築費用の支払いであるので，疑わしい取引の届出を検討す
る必要はない。

POINT

「顧客管理を行う上で特別の注意を要する取引」とは，①疑わしい取引，お
よび②同種の取引の態様と著しく異なる態様で行われる取引のことをいい，
取引時確認が義務付けられている。

また，金融庁の疑わしい取引の参考事例のうち「現金の使用形態に着目し
た事例」として「多額の現金（外貨を含む。以下同じ。）又は小切手により，
入出金（有価証券の売買，送金及び両替を含む。以下同じ。）を行う取引。特
に，顧客の収入，資産等に見合わない高額な取引，送金や自己宛小切手によ
るのが相当と認められる場合にもかかわらず敢えて現金による入出金を行う
取引」が挙げられている。本事例は，これに該当すると判断される。

したがって，顧客に対しては，これらの点について，合理的な説明を求め
る必要がある。また，取引時確認に応じてもらう必要があり，それまでの間

は入出金等の取引を謝絶するとともに，疑わしい取引の届出を検討する必要
がある。

解説＆正解

(1) 適切な記述である。お客さまの説明によると，住宅建築費用の支払いと
いうことなので，お客さまと住宅会社との間の建築工事請負契約書の提出
を求め，建築請負代金や支払時期等の契約内容を確認することが必要であ
る。

(2) 適切な記述である。お客さまの説明によると，出金元の口座原資は知人
からの借入金とのことなので，お客さまと知人の金銭消費貸借契約書の提
出を求め，借入金額や金利，返済時期等の契約内容を確認することが必要
である。

(3) 疑わしい取引の参考事例には，「多額の現金または小切手により，入出
金を行う取引。特に，顧客の収入，資産等に見合わない高額な取引，送金
や自己宛小切手によるのが相当と認められる場合にもかかわらず敢えて現
金による入出金を行う取引」が挙げられており，お客さまの説明と金額と
の整合性や振込先の属性によっては，疑わしい取引の届出を検討する。

正解 (3)

巻末資料
過去問題・解答

金融 AML オフィサー ［取引時確認］（2024 年 3 月 3 日実施）

金融 AML オフィサー［取引時確認］

──────────（2024 年 3 月 3 日実施）

〔問－1〕 マネロン等に関して，適切な記述は次のうちどれですか。
⑴ 麻薬密売人が，麻薬密売代金を他人名義で開設した金融機関の口座に隠匿する行為は，マネー・ローンダリングに当たる。
⑵ 金融機関のマネロン等対策において実効的な管理態勢を構築する際は，テロリストへの資金供与に自らが提供する商品・サービスが利用されることを想定する必要はない。
⑶ 著作権法違反により得た収益を金融商品の購入に充てる行為は，マネー・ローンダリングに当たらない。

〔問－2〕 犯罪収益移転防止法で定められている義務等に関して，適切な記述は次のうちどれですか。
⑴ 特定事業者は，特定業務に該当するが特定取引等に該当しないものについて，疑わしい取引の届出および取引記録の作成・保存の義務が生じるが，取引時確認を行う必要はない。
⑵ 顧客等は，特定事業者が取引時確認を行う際にその内容を偽ってはならないが，隠蔽する目的で本人特定事項を偽っても罰則はない。
⑶ 金融機関は，顧客等が取引時確認に応じないために当該顧客等からの預金の払戻請求を拒否すると，債務不履行による損害賠償責任を負う。

〔問－3〕 FATF に関して，適切でない記述は次のうちどれですか。
⑴ マネロン・テロ資金供与対策に関する国際基準（FATF 勧告）の策定および見直しと，マネロン・テロ資金供与の手口および傾向に関する研究を行っている。
⑵ FATF 非参加国・地域に対して，FATF 勧告遵守の推奨を行っている。
⑶ 1989 年のアルシュ・サミットで，先進主要国を中心として設立された，国際連合の一組織である。

〔問－4〕 ガイドラインに関して，適切でない記述は次のうちどれですか。

(1) 過去のモニタリングや海外の金融機関において確認された優良事例を，他の金融機関がベスト・プラクティスを目指すにあたって参考となる「先進的な取組み事例」として掲げている。

(2) 規模が小さいまたは取引範囲が限定的な金融機関における態勢構築に資する当局との連携のあり方について，記載がない。

(3) マネー・ローンダリングとテロ資金供与には，取引の目的，規模・金額等が異なる場合があるなどの違いがあるが，金融システムの健全性を維持するために必要な基本的方策のあり方は同じである。

〔問－5〕 ガイドラインにおける3つの防衛線に関して，適切でない記述は次のうちどれですか。

(1) 第1線に属するすべての職員は，自らの部門・職務において必要なマネロン・テロ資金供与対策に係る方針・手続・計画等を十分理解し，リスクに見合った低減措置を的確に実施することが求められる。

(2) 第2線は，第1線に対し，マネロン・テロ資金供与に係る情報の提供や質疑への応答を行うほか，具体的な対応方針等について協議をするなどの支援を行うことが求められている。

(3) 第3線は，監査にあたって，リスクを分析した上で必要に応じて悉皆的に調査を行うのではなく，すべての分野についてサンプリングによる調査を行うことが求められている。

〔問－6〕 疑わしい取引の届出に関して，適切でない記述は次のうちどれですか。

(1) 特定事業者は，特定業務において収受した財産が犯罪による収益である疑いが認められる場合には，速やかに所管行政庁に届け出なければならない。

(2) 疑わしい取引の検知に際しては，職員等が不審・不自然な取引等を検知し，本部に報告することができるような態勢の構築が必要である。

(3) 疑わしい取引の届出を行おうとすることまたは行ったことを顧客等またはその関係者に漏らすことは，当該顧客から届出の有無について確認があった場合を除き，禁じられている。

〔問－7〕「疑わしい取引の参考事例」に関して，適切でない記述は次のうちどれですか。

(1)　「疑わしい取引の参考事例」は，金融機関等が疑わしい取引の届出義務を履行するにあたり，疑わしい取引に該当する可能性のある取引として，特に注意を払うべき取引の類型を示したものである。

(2)　「疑わしい取引の参考事例」に形式的に合致する取引については，すべて疑わしい取引に該当するものとして，疑わしい取引の届出を行う必要がある。

(3)　個別の取引が疑わしい取引に該当するか否かについては，「疑わしい取引の参考事例」のほか，金融機関が顧客の属性や取引時の状況，その他保有している情報から総合的に勘案して判断する必要がある。

〔問－8〕　取引記録に関して，適切な記述は次のうちどれですか。

(1)　特定業務に係る取引を行った場合には，そのすべてについて，直ちに取引記録を作成しなければならない。

(2)　確認記録がある場合において，取引記録には口座番号その他の顧客等の確認記録を検索するための事項を記録しなければならない。

(3)　取引記録は，当該取引が行われた日から10年間保存しなければならない。

〔問－9〕「マネー・ローンダリング・テロ資金供与・拡散金融対策の現状と課題（2023年6月）」に関して，適切でない記述は次のうちどれですか。

(1)　多くの金融機関において，態勢高度化に向けた取組みに着手しているが，営業現場も含め態勢整備には不適切・不十分な事項が多く，進捗は認められない。

(2)　特殊詐欺が多発していることを踏まえ，金融機関において，特殊詐欺が発生したまたは発生が疑われる口座・取引について，調査の上，速やかに疑わしい取引の届出の検討を行い，必要に応じて警察へ通報することが推進されている。

(3)　継続的な顧客管理にあたって，全顧客のリスク評価を実施し，情報が不足している顧客に対してアンケート等の郵便物を送付するなどの対応を行っている金融機関が多いが，顧客から返信が得られないなど，取組状況に遅れが出ている金融機関も認められる。

〔問－10〕　犯罪収益移転防止法上の「取引時確認」を要する取引は，次のうちどれですか。

(1)　貸金庫の取引開始

(2)　企業の水道料金12万円の現金による振込み

(3)　200万円の出金

〔問－ 11〕 犯罪収益移転防止法上の「取引時確認」に関して，適切でない記述は次のうちどれですか。

(1) 実質的支配者リスト制度は，株式会社のみならず，一般社団法人や一般財団法人も利用することができる。

(2) 「顧客」に該当するか否かは，特定取引等の意思決定を行っているのは誰かということと，取引の利益が実際には誰に帰属するのかということを総合判断して決定する。

(3) 犯罪収益移転防止法が特定事業者に対して義務付けている取引時確認の実施は，マネー・ローンダリング防止のための基本的かつ重要な対応である。

〔問－ 12〕 犯罪収益移転防止法上の「本人確認書類」に関して，適切でない記述は次のうちどれですか。

(1) 本人確認書類に有効期限がある場合，当該本人確認書類は，特定事業者が提示または送付を受ける日において有効なものでなければならない。

(2) 本人確認書類に有効期限がない場合，当該本人確認書類は，特定事業者が提示または送付を受ける日の前 6 ヵ月以内に作成されたものでなければならない。

(3) 対面取引の場合，顧客から本人確認書類の写しを提示してもらうことで，当該顧客の本人特定事項を確認することができる。

〔問－ 13〕 犯罪収益移転防止法上の「職業」「事業の内容」の確認方法に関して，適切でない記述は次のうちどれですか。

(1) 個人顧客の職業と法人顧客の事業の内容はいずれも，当該顧客またはその代表者等から申告を受ける方法により確認することとなっている。

(2) 勤務先の名称等から個人顧客の職業が明らかである場合を除き，勤務先の名称等の確認をもって職業の確認に代えることは認められていない。

(3) 法人顧客が営む事業が多数である場合，取引に関連する主たる事業のみを確認することも認められている。

〔問－14〕 犯罪収益移転防止法上の「取引時確認」に関して，適切でない記述は次のうちどれですか。

(1) 実質的支配者の本人特定事項の確認は，特定事業者において有価証券報告書等の公表書類を確認する方法によることが認められている。

(2) 実質的支配者に該当する者が複数いる場合であっても，全員の本人特定事項を確認することは求められていない。

(3) 実質的支配者の該当性は，直近の株主総会開催時など，取引と合理的な範囲で近接した時点での議決権の保有割合により判断することが認められている。

〔問－15〕 犯罪収益移転防止法上の「取引時確認」における「資産及び収入の状況」の確認に関して，適切でない記述は次のうちどれですか。

(1) 顧客が個人の場合，当該顧客と婚姻の届出をしていないが，事実上婚姻関係と同様の事情にある者の預貯金通帳は，確認書類として認められていない。

(2) 疑わしい取引の届出を行うかどうかを判断できる程度に確認を行うこととされており，必ずしも顧客の資産と収入の両方の状況を確認する必要はない。

(3) 確認に用いる書類の作成時期等は，顧客の資産及び収入の状況が取引を行うに相当なものであるかを判断するという観点から，特定事業者において判断できる。

〔問－16〕 他の取引の際に既に犯罪収益移転防止法上の「取引時確認」を行っている顧客との取引に関して，適切でない記述は次のうちどれですか。

(1) 既に取引時確認を行っていても，当該確認について確認記録を作成および保存していなければ，あらためて取引時確認を行わなければならない。

(2) 顧客と面識があるなど，顧客が確認記録に記録されている顧客と同一であることが明らかな場合は，当該顧客が確認記録に記録されている顧客と同一であることを確認したものとすることができる。

(3) 顧客管理を行う上で特別の注意を要する取引に該当する場合であっても，取引時確認済みの確認を行うことにより，再度の取引時確認は不要となる。

〔問－17〕　非対面での取引における犯罪収益移転防止法上の「本人特定事項」の確認に関して，適切でない記述は次のうちどれですか。
⑴　取引関係文書を書留郵便等により転送不要郵便物等として送付することに代えて，特定事業者の役職員が本人確認書類に記載されている顧客の住居に赴いて取引関係文書を交付する方法が認められる場合がある。
⑵　本人限定郵便により本人特定事項を確認する場合，顧客は，取引関係文書を受け取る際に本人確認書類を提示する必要があるが，当該本人確認書類が写真付きである必要はない。
⑶　顧客が法人である場合，代表者等から顧客の名称および本店または主たる事務所の所在地の申告を受け，かつ，一般財団法人民事法務協会が運営する登記情報提供サービスから登記情報の送信を受ける方法が認められている。

〔問－18〕　犯罪収益移転防止法上の「顧客管理を行う上で特別の注意を要する取引」に関して，適切でない記述は次のうちどれですか。
⑴　「同種の取引の態様と著しく異なる態様」で行われる取引とは，特定事業者が有する一般的な知識や経験，商慣行等から著しく乖離する取引等である。
⑵　「同種の取引の態様と著しく異なる態様」であるか否かの判断にあたっては，特定事業者の通常の業務の範囲を超えた，特別の調査や証明資料の収集・保存を要する。
⑶　敷居値以下の取引であっても，「顧客管理を行う上で特別の注意を要する取引」に該当すれば，特定事業者に取引時確認と確認記録の作成・保存の義務が課される。

〔問－19〕　犯罪収益移転防止法上のハイリスク取引に関して，適切な記述は次のうちどれですか。
⑴　取引を行う目的，職業については，申告を受ける方法による確認に加えて，訪問等により相違ないかを確認する必要がある。
⑵　事業の内容については，登記事項証明書や定款等による確認に加えて，訪問等により相違ないかを確認する必要がある。
⑶　200 万円を超える財産の移転を伴う取引の場合は，通常の取引における確認事項に追加して「資産及び収入の状況」を確認する必要がある。

〔問－20〕 犯罪収益移転防止法上の外国 PEPs に関して，適切な記述は次のうちどれですか。

(1) 外国 PEPs に該当するかどうかの確認方法は法定されてはいないが，商業用データベースを活用する方法やインターネット等の公刊情報を活用する方法などが考えられる。

(2) 外国の元首が実質的支配者である法人との特定取引は，ハイリスク取引に該当しない。

(3) 過去に外国の元首であった者との特定取引は，ハイリスク取引に該当しない。

〔問－21〕 リスクベース・アプローチに関して，適切でない記述は次のうちどれですか。

(1) リスクベース・アプローチによるマネロン・テロ資金供与リスク管理態勢の構築・維持は，FATF の勧告等の中心的な項目であり，日本の金融システムに参加する金融機関等にとって，当然に実施していくべき事項である。

(2) リスクベース・アプローチに基づいて金融機関自らが特定・評価したマネロン・テロ資金供与リスクは，マネロン・テロ資金供与対策を監督する金融庁が策定したリスク管理基準の範囲内に収まるように低減することが求められている。

(3) リスクベース・アプローチの実施にあたっては，近年，情報伝達の容易性や即時性の高まり等により，高度化に後れをとる金融機関が瞬時に標的とされてマネロン・テロ資金供与に利用されるリスクが高まっていることに注意を払う必要がある。

〔問－22〕 「顧客管理（カスタマー・デュー・ディリジェンス：ＣＤＤ）」に関して，適切な記述は次のうちどれですか。

(1) マネロン・テロ資金供与リスクが高いと判断した顧客については厳格な顧客管理を行うことが求められているが，マネロン・テロ資金供与リスクが低いと判断した顧客については顧客管理の対象外とすることが認められている。

(2) 取引開始時における顧客情報の確認を行っていれば，期中に顧客情報を最新化するための調査を行う必要はなく，顧客管理は変化が生じたことを把握した場合にのみ情報の更新を行うことで足りる。

(3) 継続的な顧客管理に係る調査を行う場合は，調査に対する顧客からの回答率を向上させるため，継続的な顧客管理への理解を促すための周知活動もあわせて検討する必要がある。

〔問－23〕 「取引モニタリング」および「取引フィルタリング」に関して，適切な記述は次のうちどれですか。

(1) 取引モニタリングおよび取引フィルタリングは，リスク低減措置の実効性を確保する手段として，取引そのものに着目して取引状況の分析，不自然な取引や制裁対象取引の検知等を通じてリスクを低減させる手法である。

(2) 取引モニタリングは，疑わしい取引の届出を行うため，不自然な取引についてシステムを用いて事後的に検知するもので，職員の気付きは含まれない。

(3) 取引フィルタリングは，リスク低減措置の実効性を確保する手段の一つで，取引を行う前に制裁対象者等の取引不可先が含まれていないかをシステムを使って検知する手法であり，職員の目視は含まれない。

〔問－24〕 ガイドラインにおける「海外送金等を行う場合の留意点」に関して，適切でない記述は次のうちどれですか。

(1) 海外送金等の業務は，取引相手に対して自らの監視が及びにくいなど，国内に影響範囲が留まる業務とは異なるリスクに直面していることに留意した上で，リスクの特定・評価・低減を的確に行う必要がある。

(2) 送金人・受取人が自らの直接の顧客でない場合，制裁リスト等との照合のほか，コルレス先や委託元金融機関等と連携しながら，リスクに応じた厳格な顧客管理を行うことの検討が求められる。

(3) 輸出入取引等に係るリスクの特定・評価にあたっては，取引に係る国・地域のほか，取引商品，契約内容のリスクについて勘案が必要であるが，輸送経路や利用船舶等，取引関係者等のリスクは勘案しなくてよい。

〔問－25〕 マネロン・テロ資金供与対策を巡る最近の動向に関して、適切な記述は次のa～cのうちいくつありますか。

a 技術の進歩による決済手段の多様化や取引のグローバル化等が進行し、金融取引がより複雑化する中、金融機関の直面するマネロン等に関するリスクは変化している。

b マネロン等の前提犯罪について、近年、日本においては特殊詐欺が多発しているが、現在は、所謂オレオレ詐欺だけでなく、還付金詐欺、架空料金請求詐欺、預貯金詐欺、キャッシュカード詐欺盗などの手口が増加しており、詐欺の手口は多種多様になっている。

c 一部の地域金融機関においては顧客管理の取組状況に遅れが認められており、金融庁は、検査・監督のほか様々な意見交換会や研修・勉強会といったアウトリーチを通じて、顧客情報の更新を含む継続的な顧客管理に関する態勢整備を促している。

(1) 1つ
(2) 2つ
(3) 3つ

〔問－26〕 以下の事例における対応および留意点に関して、適切な記述をすべて選んだ選択肢は次のうちどれですか。

外国人技能実習生が、給与受取の口座開設を希望して、勤務先の社員（通訳）とともに在留カードを持参して来店した。

a 口座開設時に、口座の不正売買は犯罪であることや帰国時に解約が必要となることを説明する。

b 勤務先に対して、外国人技能実習生が退職したり、帰国したりする場合には口座の解約をさせるように依頼する。

c 来店した時点で在留期間の満了日が間近に迫っており、期間内に更新する予定である場合は、在留期間更新後に申込みをするように依頼する。

(1) aのみ
(2) bとcのみ
(3) aとbとc

〔問－27〕 以下の事例における対応および留意点に関して，適切な記述をすべて選んだ選択肢は次のうちどれですか。

　口座開設を希望する顧客が来店した。顧客は，本人確認書類として顔写真のない健康保険証を提示した。そこで，窓口担当者は，現在の住居の記載がある補完書類の提示を求めた。

---

　a　ＮＨＫ受信料の領収証書は，補完書類として認められている。
　b　固定資産税の納税証明書は，補完書類として認められている。
　c　補完書類として社会保険料の領収証書の提示を受ける場合は，領収日付が提示を受ける日の前３ヵ月以内のものに限られている。

(1)　cのみ
(2)　aとbのみ
(3)　aとbとc

〔問－28〕 以下の事例における対応および留意点に関して，適切な記述は次のうちどれですか。

　口座開設時の取引の目的が「給与振込」であった顧客が来店したが，口座開設以降，当該口座に給与の振込みはない。

---

(1)　口座開設時に取引の目的を確認しており，その後，疑わしい取引がなければ取引時確認をする必要はない。
(2)　口座開設以降，給与振込取引がないのであれば，取引の目的が変わっている可能性があり，取引時確認をする必要がある。
(3)　取引の目的は変わっている可能性があっても，氏名，住所が変わっていない場合は，取引時確認をする必要はない。

〔問－29〕 以下の事例における対応および留意点に関して，適切でない記述は次のうちどれですか。

> 住宅ローンの借換えの相談のために顧客が来店した。顧客は，本人確認書類として有効期限が1ヵ月前に過ぎたパスポートを提示した。顔写真を確認すると本人のものに間違いないようである。

(1) パスポートの有効期限が過ぎている場合，本人確認書類としては認められないと伝える。

(2) 写真付き本人確認書類がない場合，健康保険証とその他の補完書類等の提示により手続きを行えることを伝える。

(3) 借換えの手続きを進め，取引関係文書を転送不要郵便で送付する。

〔問－30〕 以下の事例における対応および留意点に関して，適切でない記述は次のうちどれですか。

> 法人取引先の担当者と名乗る者が来店した。来店者は「いつも来店している担当者が出張で不在のため，代理で来店した。」と言っている。

(1) 金融機関に登録されている法人の電話番号に電話をかけ，取引を行ってよいか確認する。

(2) 来店者にいつも来店している担当者の電話番号を聞き，その電話番号に電話をかけ，来店者を相手に取引を行ってよいか確認する。

(3) 来店者の本人特定事項を確認する必要があり，確認できない場合は，取引すべきではない。

〔問－31〕 以下の事例における対応および留意点に関して，適切な記述をすべて選んだ選択肢は次のうちどれですか。

> 夫の代理人を名乗る者が，夫名義の口座を開設したいと来店した。

> a 来店者が夫が作成した委任状を持参している場合，来店者の本人特定事項を確認する必要はない。
> b 来店者の本人特定事項を確認する。
> c 来店者が夫から依頼を受けていることを確認した場合は，夫の本人特定事項について，運転免許証のコピーの提示を受けることで確認することができる。

(1) a と c
(2) b のみ
(3) b と c

〔問－32〕 以下の事例における対応および留意点に関して，適切でない記述は次のうちどれですか。

> 親の代理人を名乗る者が，親が医療機関に入院するための入院費の支払いとして，現金による 30 万円の送金を希望して来店した。

(1) 親の入院先や入院期間について尋ねる。
(2) 名義人である親が口座を保有していないか確認し，口座からの送金であれば来店者の本人特定事項の確認は不要であると伝える。
(3) 名義人である親が口座を保有していない場合，この金融機関・店舗で現金による送金を行う理由を尋ねる。

〔問－33〕 以下の事例における対応および留意点に関して，適切な記述をすべて選んだ選択肢は次のうちどれですか。

> 生後10ヵ月と3歳の子どもの母親を名乗る女性が，それぞれの名義の口座開設を希望して，子ども2人を連れて来店した。

> a　3歳の子どもの口座開設はできるが，生後10ヵ月の子どもの口座開設はできない。
> b　子どもの口座開設であっても，取引の目的を確認しなければならない。
> c　子どもと母親を名乗る女性それぞれの本人特定事項を確認する。

(1)　aとc
(2)　bとc
(3)　なし

〔問－34〕 以下の事例における対応および留意点に関して，適切な記述をすべて選んだ選択肢は次のうちどれですか。

> 取引がないA社の経理担当者が，A社名義の口座開設を希望して来店した。

> a　登記事項証明書を提示された場合は，取引の目的を確認する必要はない。
> b　法人の名称，本店または主たる事務所の所在地については，登記事項証明書等の提示を受けて確認する。
> c　来店した経理担当者の本人特定事項を確認する必要はない。

(1)　aのみ
(2)　bのみ
(3)　bとc

〔問－ 35〕 以下の事例における対応および留意点に関して，適切でない記述は
次のうちどれですか。

> 窓口担当者の近所に住む顔見知りの人が，「転職したので，前の職場の給
> 与受取に使っていた乙銀行の銀行口座とは別に口座を設けたい。」と甲銀行
> に来店した。これまで取引はなかった。

(1) 甲銀行に新規に口座開設する理由が不明確な場合は，上席者に相談の上謝絶
することを検討する。
(2) 顔見知りであっても，取引時確認を省略することはできない。
(3) 顔見知りであれば，顔写真がない本人確認書類を提示された場合であっても，
補完書類まで確認する必要はない。

〔問－ 36〕 以下の事例における対応および留意点に関して，適切な記述は次の
うちどれですか。

> 学校教育法に規定する大学に，子どもの入学金と授業料として現金による
> 100 万円の送金を希望する，父親を名乗る男性が来店した。

(1) 子どものみの本人特定事項を確認する必要がある。
(2) 子どもと父親を名乗る男性の本人特定事項を確認する必要がある。
(3) 取引時確認の必要はない。

〔問-37〕 以下の事例における対応および留意点に関して，適切な記述は次のうちどれですか。

> 生活保護費受給のための口座開設を希望する顧客が来店した。窓口担当者が本人確認書類の提示を求めたところ，何も持参していないようである。顧客は「1日でも早く受給できるように，すぐに口座を開設したい。」と言っている。

(1) 本人特定事項の確認が必要なことや，どのような本人確認書類ならよいかを説明しても，「ないものは出せない。」としか言われないため，最終的に依頼を拒んだ。
(2) 健康保険証のコピーならあると提示を受けたため，そのまま口座開設手続を進めた。
(3) 本人確認書類がないが，社会保険事務所に電話で口座開設をしてよいかを確認して，口座開設手続を進めてよい。

〔問-38〕 以下の事例における対応および留意点に関して，適切な記述は次のうちどれですか。

> 100万円の入金を希望する顧客が来店した。窓口担当者が顧客の口座情報を確認すると，ここ数年間にわたり取引の履歴がない。急に入金することになった理由や口座を放置していた理由を尋ねたところ，明確には答えてもらえなかった。そこで，役席者が代わって対応したが，取引に対する疑念を払拭できない。

(1) 依頼を拒むことはできないため，入金した上で，疑わしい取引の届出を検討する必要がある。
(2) 依頼を拒むことができ，取引が成立していないため，疑わしい取引の届出を検討する必要はない。
(3) 依頼を拒むとともに，取引が成立していなくても疑わしい取引の届出を検討する必要がある。

〔問－39〕 以下の事例における対応および留意点に関して，適切な記述をすべて選んだ選択肢は次のうちどれですか。

> 払戻しを希望する顧客が来店した。窓口担当者が顧客の口座情報を確認すると，給与口座として開設されたのに，毎月の給与が入金された記録がない。その代わりに不特定多数の名義人から端数のない同額の振込入金が頻繁に行われており，入金後直ちに残高に近い金額がＡＴＭで引き出されている。

> a 現在の職業や勤務先，年齢等の属性情報を再度確認する。
> b 最近の入金を例に挙げて，具体的に入金相手や入金理由を尋ねる。
> c 払戻しの目的について聞き，さらに振込みではなく現金で払い戻して支払う理由を尋ねる。

(1) a のみ
(2) b と c のみ
(3) a と b と c

〔問－40〕 以下の事例における対応および留意点に関して，適切な記述をすべて選んだ選択肢は次のうちどれですか。

> 自宅近くの支店に口座を保有する顧客が，その支店ではなく自宅から車で 1 時間ほどかかる当店に，とある平日の午前と閉店間際の 2 回にわたり，それぞれ 200 万円と 100 万円の現金の入金を希望して来店した。窓口担当者が顧客の口座情報を確認すると，生活口座として開設された口座であり，職業は会社員と登録されている。

> a 口座がある支店ではなく当店に来店し，現金を入金する理由を尋ねる。
> b 入金する現金の原資や取引の経緯等を確認し，裏付けとなる資料の提示を求める。
> c 2 回の入金取引の都度，取引時確認済みの確認を行う。

(1) c のみ
(2) a と b のみ
(3) a と b と c

〔問－41〕 以下の事例における対応および留意点に関して，適切でない記述は次のうちどれですか。

> 口座開設を希望する顧客が来店した。窓口担当者が顧客の情報を調べると，隣町にある別の支店で，既に生活口座を保有していた。そこで，窓口担当者は口座開設の理由を尋ねた。

(1) 「副業のため」と言われたため，さらに副業の具体的内容について尋ねるとともに，副業の内容が分かる資料等の提出を求めた。
(2) 「給与の分割受取りのため」と言われたため，そのまま口座開設手続を進めた。
(3) 「参加する慈善団体の活動のため」と言われたため，団体での口座開設の検討を依頼した。

〔問－42〕 以下の事例における対応および留意点に関して，適切な記述をすべて選んだ選択肢は次のうちどれですか。

> 口座開設を希望する顧客が来店した。顧客は，キャッシュカードの送付先について，「いつも自宅に帰る時間が遅いので，登録した住所ではなく私が社長を務める会社に送付してほしい」と言っている。その会社の住所を確認すると，ファミリー向けマンションの一室のようである。

> a キャッシュカードを顧客の自宅に送付するのは，顧客の居住実態を確認するために必要な手続きである旨を説明する。
> b 郵便局の時間外窓口で受け取ったり，休日に再配達を依頼したりすることも可能である旨を説明する。
> c 登録された住所以外へキャッシュカードを送付することはできないことを説明する。

(1) bのみ
(2) aとcのみ
(3) aとbとc

〔問－43〕　以下の事例における対応および留意点に関して，適切でない記述は次のうちどれですか。

> 　口座開設を希望する顧客が来店した。窓口担当者が顧客の情報を調べると，反社会的勢力のデータベースに登録のある人物と氏名，生年月日が一致した。

(1)　現在の職業や勤務先についての説明および資料の提出を求めるとともに，勤務先に連絡して在籍を確認してもよいか尋ねた。

(2)　現況を尋ねると「昔は組織にいたが，組抜けして 7 年になる」と言われたため，警察や暴力追放運動推進センターに真偽を確認してから手続きを進めることにした。

(3)　同姓同名・同一生年月日の別人の可能性があるが，データベースに登録のある氏名・生年月日と一致するので，ただちに口座開設を拒んだ。

〔問－44〕　以下の事例における対応および留意点に関して，適切でない記述は次のうちどれですか。

> 　顧客 A の代理人であるとして委任状を持参した B が来店し，A の口座から預金を払い戻し，そのお金を C の口座に B 名義で送金するよう依頼があった。

(1)　B については本人特定事項を確認する必要があるが，A については本人特定事項を確認する必要はない。

(2)　B に対して，A との関係性と取引を委任された経緯を尋ね，不自然な点があれば，A に連絡をして確認する。

(3)　B に対して，A の預金を A 名義ではなく，B 名義で C の口座に入金する理由を尋ねる。

〔問－45〕 以下の事例における対応および留意点に関して，適切な記述は次のうちどれですか。

> 2年前に作成した，自店取引先法人に勤務する外国人労働者の給与受取口座の記録を確認していたところ，数万円単位の入金と入金直後の出金を頻繁に繰り返している記録があった。さらに調べたところ，半年前から，給与が入金された記録がないようであった。

(1) 外国人労働者の勤務先に連絡し，人事・給与の担当者に，本人が現在も在籍しているか確認した。

(2) 外国人労働者がすでに帰国したことが判明したため，人事・給与の担当者の協力を得て口座を解約し，解約時の残高は本人に返戻するため，勤務先に払い戻した。

(3) 外国人労働者がまだ国内に滞在していることが判明したため，引き続き口座を利用する理由があると判断し，入出金停止や口座解約の対応はとらなかった。

〔問－46〕 以下の事例における対応および留意点に関して，適切でない記述は次のうちどれですか。

> 日常的に取引を行っていない顧客が来店し，保有している口座から現金100万円を払い戻し，その100万円を顧客の他店の口座へ送金するよう依頼があった。口座から直接送金することができると案内しても，顧客はそのようにしようとしない。

(1) 現在の職業や収入の状況を尋ね，100万円の送金について合理性があるかを確認する。

(2) 100万円の払戻しは取引時確認が不要な金額の範囲内であるため，本人特定事項を確認する必要はない。

(3) 口座から直接送金するのではなく，現金を払い戻して送金する理由を尋ね，不自然な点を払拭できない場合は，送金依頼を拒むことができる。

〔問－47〕 以下の事例における対応および留意点に関して，適切な記述をすべて選んだ選択肢は次のうちどれですか。

法人顧客が来店し，購入した機械設備の代金の支払いとして，南アフリカ共和国の金融機関に口座を保有する海外の事業者へ，2,000 万円の海外送金の依頼があった。この顧客から海外送金の依頼を受けるのは初めてであり，ヒアリングしたところ，これまでは他の金融機関で依頼していたとのことである。

---

a 南アフリカ共和国は FATF が公表する強化モニタリング対象国・地域に該当しないため，顧客と海外の事業者との間の売買契約書の内容を確認するだけでよい。
b 既に取引のある顧客であっても，事業内容に伴う海外送金であるかどうか，なぜ今回，これまでの金融機関ではなく，自金融機関で海外送金を行うのかを確認する。
c 貿易に関する支払規制に関連する単語が検出されないか，送金依頼書その他関連書類を確認する。

---

(1) a のみ
(2) c のみ
(3) b と c

〔問－48〕 以下の事例における対応および留意点に関して，適切な記述は次の
うちどれですか。

> 顧客が来店し，難病治療のために受けた先進医療の費用の支払いとして，
> 口座から500万円の現金での払戻しの依頼があった。その口座は日ごろ高額
> な残高になることがなかったため，ヒアリングしたところ，口座に入ってい
> る資金は親族から借りたものだとのことである。

(1) 先進医療の費用は，高額かつ全額自己負担となることが多いため，あり得る
    ことだと判断し，依頼に応じた。
(2) 顧客の依頼に不自然な点がないかを確認するため，病院からの請求書の提出
    を求めたり，支払期限，支払方法のほか資金を借りた親族について詳しく聞き
    取りした。
(3) 盗難や紛失の危険を避けるべく，自己宛小切手や送金による方法を勧めても，
    明確な理由なく拒絶されたが，それも顧客の選択であるため，疑わしい取引の
    届出は検討しなかった。

〔問－49〕 以下の事例における対応および留意点に関して，適切な記述をすべ
て選んだ選択肢は次のうちどれですか。

> 自宅近くの外貨取引ができる支店に口座を保有する顧客が，遠方にある当
> 店に来店し，大量の硬貨（4,000枚）を外貨に両替するよう依頼があった。
> 硬貨には錆や腐食が進んでいるものも含まれていたため，顧客に入手経路等
> を尋ねたが，十分な説明が受けられなかった。

> a 大量の硬貨の両替には，偽造通貨が含まれている可能性がある。
> b 写真付き本人確認書類の提示を受け，来店者の容貌を照合してなりすま
>   しでないことを確認する。
> c 入手経路等について十分な説明を受けられず，当店で外貨に両替をする
>   合理的な理由がない場合は，取引の謝絶を検討する必要がある。

(1) aのみ
(2) bとcのみ
(3) aとbとc

〔問－50〕 以下の事例における対応および留意点に関して，適切でない記述は次のうちどれですか。

> 自店取引先法人に勤務する外国人労働者が来店し，本国に住む家族への仕送り名目で，外国送金の依頼があった。その日は，勤務先の給料日の前日だったため，本人に送金理由を尋ねると，生活を切り詰めてできた残金を送るとのことである。本人の口座の履歴を確認すると，勤務先の給与以外の入金があり，また 1 ヵ月に何回も外国送金をしており，送金総額は給与を上回っていた。

(1) 外国送金には相応の手数料がかかるため，給料日の後にまとめて送金することを勧めても，理由もなく拒むことから，疑わしい取引の届出を検討した。

(2) 外国人労働者に，勤務先の給与以外の入金や頻繁な外国送金の理由について尋ねたところ，回答を拒むことから，疑わしい取引の届出を検討した。

(3) 最近 1 ヵ月の外国送金の記録を確認すると，毎回，送金先の金融機関や送金先名が異なることが判明したが，特に異なる理由について確認しなかった。

金融 AML オフィサー ［取引時確認］
（2024 年 3 月 3 日実施）解答

問 - 1	問 - 2	問 - 3	問 - 4	問 - 5	問 - 6	問 - 7	問 - 8	問 - 9	問 - 10
(1)	(1)	(3)	(2)	(3)	(3)	(2)	(2)	(1)	(1)
問 - 11	問 - 12	問 - 13	問 - 14	問 - 15	問 - 16	問 - 17	問 - 18	問 - 19	問 - 20
(1)	(3)	(1)	(2)	(1)	(3)	(2)	(2)	(3)	(1)
問 - 21	問 - 22	問 - 23	問 - 24	問 - 25	問 - 26	問 - 27	問 - 28	問 - 29	問 - 30
(2)	(3)	(1)	(3)	(3)	(3)	(2)	(2)	(3)	(2)
問 - 31	問 - 32	問 - 33	問 - 34	問 - 35	問 - 36	問 - 37	問 - 38	問 - 39	問 - 40
(2)	(2)	(2)	(2)	(3)	(3)	(1)	(3)	(3)	(2)
問 - 41	問 - 42	問 - 43	問 - 44	問 - 45	問 - 46	問 - 47	問 - 48	問 - 49	問 - 50
(2)	(3)	(3)	(1)	(1)	(2)	(3)	(2)	(3)	(3)

金融AMLオフィサー［取引時確認］対策問題集　2024年度版

2024年3月31日　第1刷発行	編　　者	日本コンプライアンス・オフィサー協会
	発行者	志　茂　満　仁
	発行所	㈱経済法令研究会

〒162-8421　東京都新宿区市谷本村町 3-21
電話　03(3267)4811㈹
https://www.khk.co.jp/

営業所／東京03(3267)4812　大阪06(6261)2911　名古屋052(332)3511　福岡092(411)0805

印刷／日本ハイコム㈱　製本／㈱ブックアート

第158回 銀行業務検定試験
第62回 コンプライアンス・オフィサー認定試験

		種目名	出題形式	試験時間	受験料（税込）
実施日 2024年 6月2日（日） 願書受付期間 2024年 4月1日（月）〜4月17日（水）【必着】	午前実施種目	財務3級	五答択一マークシート式 50問	120分	5,500円
		財務4級	三答択一マークシート式 50問	90分	4,950円
		信託実務3級	五答択一マークシート式 50問	120分	5,500円
		デリバティブ3級	五答択一マークシート式 50問	120分	5,500円
		窓口セールス3級	五答択一マークシート式〈一部事例付〉 50問	120分	5,500円
		金融商品取引3級	四答択一マークシート式〈一部事例付〉 50問	120分	5,500円
		事業性評価3級	四答択一マークシート式〈一部事例付〉 50問	120分	5,500円
		金融コンプライアンス・オフィサー2級	四答択一マークシート式 50問	120分	5,500円
		金融個人情報保護オフィサー2級	四答択一マークシート式 50問	120分	5,500円
		※特別実施 金融AMLオフィサー［実践］	三答択一マークシート式 50問	90分	5,500円
		※特別実施 金融AMLオフィサー［基本］	三答択一マークシート式 50問	90分	4,950円
		金融AMLオフィサー［取引時確認］	三答択一マークシート式 50問	90分	4,950円
	午後実施種目	法務2級	三答択一付記述式 10題	180分	8,250円
		法務3級	五答択一マークシート式 50問	120分	5,500円
		財務2級	記述式 10題	180分	8,250円
		金融経済3級	五答択一マークシート式 50問	120分	5,500円
		法人融資渉外2級	記述式 10題	180分	8,250円
		法人融資渉外3級	五答択一マークシート式〈一部事例付〉 50問	120分	5,500円
		営業店マネジメントⅠ	記述式 10題	180分	9,900円
		営業店マネジメントⅡ	四答択一式 40問、記述式 6題	180分	8,800円
		個人融資渉外3級	五答択一マークシート式〈一部事例付〉 50問	120分	5,500円
		※新規・特別実施 DXビジネスデザイン	四答択一式 35問、記述式 2題	120分	7,150円
		金融コンプライアンス・オフィサー1級	記述式 10題	180分	8,250円

※金融AMLオフィサー［実践］・［基本］は、本来は10月実施の試験ですが、2024年度は6月にも特別に実施いたします。
※新規実施のDXビジネスデザインは、本来は3月実施の試験ですが、2024年度は6月にも特別に実施いたします。

─ ▶▶お知らせ◀◀ ─
※実施日、願書受付期間、種目につきましては状況によって変更する場合がございます。
※各種目の受験料は、消費税10%込にて表示しております。消費税率変更の場合は変更税率に準じます。
※試験の時間帯（午前・午後）が異なる種目であれば、同一実施日に2種目までお申込みが可能です。
　検定試験運営センターでは、日本コンプライアンス・オフィサー協会が主催する認定試験および日本ホスピタリティ検定協会が主催する検定試験を銀行業務検定試験と併行して実施しております。

第158回銀行業務検定試験
WEB動画教材による受験対策講座

　2024年6月2日（日）実施の銀行業務検定試験「法務2級」および「財務2級」の受験対策講座をストリーミング配信いたします。インターネットに接続できる環境があれば、PC、タブレットやスマートフォン等でいつでもどこでも学習いただけます。また、期間内であれば、何回でも視聴が可能です。

　出題頻度の高い重要な項目から過去問題10問をセレクトし、わかりやすく解説します。

　詳細につきましては、弊社ホームページをご参照ください。

WEB動画 受験対策講座

種　　目	担当講師 （予定）	視聴可能期間 （予定）
法務2級	福田　秀喜	2024年4月下旬 ～6月2日（日）
財務2級	柏木　大吾	

【お問合せ先】

本社営業部	Tel：03-3267-4812
大阪支社営業部	Tel：06-6261-2911
名古屋営業所	Tel：052-332-3511
福岡営業所	Tel：092-411-0805

経済法令研究会　https://www.khk.co.jp/

●経済法令ブログ
https://khk-blog.jp/

法務

◉法務3・4級対応
実務に活かす **金融法務の基本がよくわかるコース**
●受講期間 3か月 ●14,300円

◉法務2級対応
事例で学ぶ **金融法務の理解を深め実務対応力を高めるコース**
●受講期間 3か月 ●16,500円

◉融資管理3級対応
融資管理実務コース
●受講期間 4か月 ●17,380円

財務

◉財務3・4級対応
実務に活かす **財務の基本がよくわかるコース**
●受講期間 3か月 ●13,200円

◉財務2級対応
事例で学ぶ **財務分析力を高め経営アドバイスに活かすコース**
●受講期間 3か月 ●16,500円

税務

◉税務3・4級対応
実務に活かす **税務の基本がよくわかるコース**
●受講期間 3か月 ●13,200円

◉税務2級対応
事例で学ぶ **税務相談力を高め顧客アドバイスに活かすコース**
●受講期間 3か月 ●16,500円

外国為替

◉外国為替3級対応
実務に活かす **外国為替と貿易の基本がよくわかるコース**
●受講期間 3か月 ●13,200円

信託

◉信託実務3級対応
信託実務コース
●受講期間 4か月 ●15,180円

金融経済

◉金融経済3級対応
実務に活かす **金融と経済の基本がよくわかるコース**
●受講期間 3か月 ●13,200円

マネジメント

◉営業店マネジメントⅡ対応
営業店マネジメント[基本]コース
●受講期間 3か月 ●15,840円

◉営業店マネジメントⅠ対応
営業店マネジメント[実践]コース
●受講期間 4か月 ●19,580円

投資信託・資産形成

◉投資信託3級対応
投資信託基礎コース
●受講期間 3か月 ●15,840円

◉資産形成アドバイザー3級対応
資産形成アドバイザー基本コース
●受講期間 2か月 ●10,340円

◉資産形成アドバイザー2級対応
資産形成アドバイザー養成コース
●受講期間 3か月 ●15,840円

年金

◉年金アドバイザー3・4級対応
実務に活かす **年金の基本がよくわかるコース**
●受講期間 3か月 ●13,200円

◉年金アドバイザー2級対応
事例で学ぶ **年金相談力を高め頼られるアドバイザーになるコース**
●受講期間 3か月 ●16,500円

相続

◉相続アドバイザー3級対応
実務に活かす **相続手続きの基本がよくわかるコース**
●受講期間 2か月 ● 8,800円
●受講期間 3か月 ●11,000円

◉相続アドバイザー2級対応
相続アドバイザー養成コース
●受講期間 3か月 ●13,860円

融資・渉外

◉窓口セールス3級対応
窓口セールス実践コース
●受講期間 3か月 ●12,760円

◉個人融資渉外3級対応
個人ローン・住宅ローン推進に自信が持てるコース
●受講期間 3か月 ●13,200円

◉法人融資渉外3級対応
法人融資渉外基本コース
●受講期間 4か月 ●17,380円

◉事業性評価3級対応
伴走支援で持続的成長を促す **事業性評価力養成コース**
●受講期間 2か月 ●10,340円
●受講期間 3か月 ●12,540円

◉経営支援アドバイザー2級対応
経営支援アドバイザー養成コース
●受講期間 3か月 ●15,840円

◉事業承継アドバイザー3級対応
営業店の事業承継支援コース
●受講期間 3か月 ●13,860円

◉CBT DXサポート対応
取引先のDX推進をサポートするコース
●受講期間 2か月 ●6,600円
●受講期間 3か月 ●8,800円

◉CBTサステナブル経営サポート
（環境省認定制度 脱炭素アドバイザー ベーシックに認定）対応
取引先のサステナブル経営をサポートするコース
●受講期間 2か月 ●6,600円
●受講期間 3か月 ●8,800円

コンプライアンス・個人情報保護

◉金融コンプライアンス・オフィサー2級対応
金融コンプライアンス[基本]コース
●受講期間 3か月 ●13,860円

◉金融コンプライアンス・オフィサー1級対応
金融コンプライアンス[管理者]コース
●受講期間 3か月 ●14,960円

◉ＪＡコンプライアンス3級対応
ＪＡコンプライアンスコース
●受講期間 3か月 ●10,890円

◉金融個人情報保護オフィサー2級対応
よくわかる **金融個人情報保護コース**
●受講期間 2か月 ●10,120円

◉金融AMLオフィサー[実践]・[基本]対応
マネー・ローンダリング対策徹底理解コース
●受講期間 2か月 ● 9,130円
●受講期間 3か月 ●11,330円

◉金融AMLオフィサー[取引時確認]対応
営業店のマネロン対策に役立つ **取引時確認・疑わしい取引への感度を高めるコース**
●受講期間 2か月 ●6,600円
●受講期間 3か月 ●8,800円

JAのマネロン対策に役立つ **取引時確認・疑わしい取引への感度を高めるコース**
●受講期間 2か月 ●6,600円
●受講期間 3か月 ●8,800円

ホスピタリティ

◉社会人ホスピタリティ[実践]・[基本]対応
気持ちを伝え心を動かす
ホスピタリティ・マスターコース
●受講期間 2か月 ●9,570円

※受講料は消費税（10%）込の価格です。

 経済法令研究会 https://www.khk.co.jp/ ●経済法令ブログ https://khk-blog.jp/

2024年度 CBT試験実施のご案内

5月開始

実施日程：2024年5月1日（水）〜2025年3月31日（月）
申込日程：2024年4月28日（日）〜2025年3月28日（金）

試験種目	出題形式	試験時間	受験料（税込）
CBT法務3級	五答択一式50問	120分	5,500円
CBT法務4級	三答択一式50問	90分	4,950円
CBT財務3級	五答択一式50問	120分	5,500円
CBT財務4級	三答択一式50問	90分	4,950円
CBT事業承継アドバイザー3級	四答択一式50問	120分	5,500円
CBT事業性評価3級	四答択一式50問	120分	5,500円
CBT相続アドバイザー3級	四答択一式50問	120分	5,500円
CBT信託実務3級	五答択一式50問	120分	5,500円
CBT DXサポート	三答択一式50問	60分	4,950円
CBTサステナブル経営サポート （環境省認定制度 脱炭素アドバイザー ベーシックに認定）	三答択一式50問	60分	4,950円
CBT金融コンプライアンス・オフィサー2級	四答択一式50問	120分	5,500円
CBT金融個人情報保護オフィサー2級	四答択一式50問	120分	5,500円
CBT金融AMLオフィサー［実践］	三答択一式50問	90分	5,500円
CBT金融AMLオフィサー［基本］	三答択一式50問	90分	4,950円
CBT金融AMLオフィサー［取引時確認］	三答択一式50問	90分	4,950円
CBT社会人コンプライアンス	三答択一式50問	60分	4,950円
CBT社会人ホスピタリティ［実践］	四答択一式50問	120分	6,600円
CBT社会人ホスピタリティ［基本］	三答択一式50問	90分	4,950円
CBT共生社会コミュニケーション	三答択一式50問	60分	4,950円

6月開始

実施日程：2024年6月1日（土）〜2025年3月31日（月）
申込日程：2024年4月28日（日）〜2025年3月28日（金）

試験種目	出題形式	試験時間	受験料（税込）
CBT税務3級	五答択一式50問	120分	5,500円
CBT税務4級	三答択一式50問	90分	4,950円
CBT年金アドバイザー3級	五答択一式50問	120分	5,500円
CBT年金アドバイザー4級	三答択一式50問	90分	4,950円

申込方法

個人申込：株式会社CBT-Solutions のウェブサイトにある CBT試験申込ページ（下記URL）
からお申込みください。
https://cbt-s.com/examinee/

団体申込：団体申込をご希望の団体様には、団体様専用の申込・成績管理ウェブサイトのURL
を発行いたします。
団体様専用申込サイトからお申込みされた受験者様の情報や成績について、管理画面
で確認することができます。

〔試験に関するお問合せ先〕
検定試験運営センター
〒162-8464　東京都新宿区市谷本村町 3-21　TEL 03-3267-4821

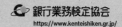

銀行業務検定協会
https://www.kenteishiken.gr.jp/